Arbeiten im Ausland und die Familie geht mit

Gut vorbereitet ankommen und zurückkehren

W0084940

Gesa Krämer, Kirsten Nazarkiewicz

© W. Bertelsmann Verlag GmbH & Co. KG
Bielefeld 2008

Gestaltung: Marion Schnepf, www.lokbase.com
Umschlagfoto: Corbis
Druck und Bindung: Lokay e.k.

www.wbv.de

Mix
Produktgruppe aus vorbildlich bewirtschafteten
Wäldern und anderen kontrollierten Herkünften
www.fsc.org Zert.-Nr. IMO-COC-26041
© 1996 Forest Stewardship Council
FSC

ISBN 978-3-7639-3493-5
Printed in Germany

Bibliografische Information der Deutschen Nationalbibliothek
Die Deutsche Nationalbibliothek verzeichnet diese Publikation in der Deutschen Nationalbibliografie;
detaillierte bibliografische Daten sind im Internet über http://dnb.d-nb.de abrufbar.

Inhalt

Sie spielen mit dem Gedanken, ins Ausland zu gehen. Vielleicht hegen Sie diesen Wunsch schon länger und wollen ihn jetzt konkret werden lassen. Vielleicht haben Sie sich sogar schon dazu entschlossen und überlegen nun, wie Sie Ihren Partner oder Ihre Familie überzeugen und alles Notwendige organisieren. Oder Ihr Lebensgefährte hat ein attraktives Jobangebot im Ausland erhalten und schlägt Ihnen vor, ein paar Jahre mitzukommen – und Sie möchten wissen, was auf Sie zukommt. Vom ersten Gedanken bis zu den gepackten Kisten ist allerdings einiges zu bedenken.

Auch wir finden andere Länder und Kulturen faszinierend, denn wir waren selber viel unterwegs. Heute ist es unsere Aufgabe, Menschen zu beraten, die Deutschland für einige Jahre verlassen und danach wieder zurückkehren wollen. Wir wissen, was es bedeutet, ins Ausland umzuziehen. Wir kennen die organisatorischen, beruflichen und nicht zuletzt die mentalen Herausforderungen, haben uns mit Steuer- und Rechtsfragen auseinandergesetzt. Aus eigenem Erleben können wir nachvollziehen, was es bedeutet, sich in der Ferne zuhause und manchmal doch auch fremd zu fühlen. Wir wissen aber genauso um den Gewinn für die Persönlichkeit, für die Karriere sowie für die Partnerschaft.

Aus der Idee heraus, unsere Erfahrungen gebündelt weiterzugeben, ist dieses Buch entstanden. Wir haben es so zusammengestellt, wie wir es gerne hätten lesen wollen, bevor wir selbst aufgebrochen sind. Inspiriert haben uns die teils heiteren, teils schmerzlichen Erfahrungen, die wir selber gemacht oder von anderen gehört haben. So haben wir unsere eigenen Erfahrungen zusammengefasst, sie um einige uns in der Beratungstätigkeit zugetragenen Berichte ergänzt und für Sie aufbereitet.

Das vorliegende Buch unterstützt Sie bei der Entscheidungsfindung, der Vorbereitung und Planung eines Auslandsaufenthalts ebenso wie bei der Abwicklung des Umzugs und der Integration in die Gesellschaft des Ziellandes – und nicht zuletzt bei der Rückkehr. Wir stellen Hindernisse vor, aber auch Möglichkeiten, diese in der Praxis zu überwinden. Dies tun wir anhand von Berichten und Interviews, Tipps und praktischen Empfehlungen, die wir aus unseren Erfahrungen und Recherchen gewonnen haben. Auf diese Weise hoffen wir, Ihnen unnötige Schwierigkeiten zu ersparen und Ihren persönlichen Aufbruch ins Ausland sowie die Rückkehr nach Deutschland zu erleichtern. Denn vieles kann man im Vorherein klären – und dafür gibt Ihnen dieses Buch Hilfen an die Hand.

Wir möchten an dieser Stelle allen herzlich danken, die uns ihre Erfahrungen mitgeteilt haben, und laden auch Sie ein, liebe Leserinnen und Leser, uns Ihre Erlebnisse oder Fragen zukommen zu lassen.

Gute Reise wünschen Ihnen
Gesa Krämer und Kirsten Nazarkiewicz

P.S. Reisen und Abenteuer wurden früher oft mit Männlichkeit verbunden. Doch heute sind es auch Frauen, die die Initiative ergreifen, und Männer, die ihnen folgen. Wir haben uns der besseren Lesbarkeit wegen für die Verwendung der männlichen Form entschieden, möchten aber betonen, dass wir damit stets eine geschlechtsübergreifende Ansprache meinen.

*Die Welt ist ein Buch, von dem man
nur die erste Seite gelesen hat, wenn
man nur sein eigenes Land gesehen hat.*
Fougeret de Moubron

1 | Ausreisemotive und Zielländer

Schon immer gingen Menschen ins Ausland. Sie reisten, um Geschäfte zu machen, zu lernen oder um ein neues Leben zu beginnen. Die Deutschen haben ihr Land in der Vergangenheit wiederholt in großen Wellen verlassen. Um 1850 flüchteten die Menschen, trotz einer seinerzeit nicht ungefährlichen und teuren Überfahrt, aus einem armen Deutschland mit hohem Geburtenüberschuss vor allem nach Amerika. Einige Jahrzehnte später trieb die Rezession nach dem Ersten Weltkrieg viele Deutsche aus dem Land – wiederum zahlreich in die USA. Ihren Höhepunkt erreichte die Auswanderungswelle aus dem in Trümmern liegenden Deutschland Anfang der fünfziger Jahre. Und heute, so erfährt man beim Statistischen Bundesamt, sind erstmals seit Ende der sechziger Jahre mehr Deutsche aus- als eingewandert. 145.000 Personen entschlossen sich 2005, Deutschland den Rücken zu kehren, 2006 waren es mit 155.000 sieben Prozent mehr. Zieht man die Zuzüge von Deutschen ab, ergibt sich ein Wanderungverlust von 17.000 Personen für das Jahr 2005 und sogar 52.000 im Jahr 2006. Der Blick ins letzte Jahrzehnt bestätigt den Trend. Deutschland hat die höchsten Auswanderungszahlen seit über 100 Jahren. Wenn man Auswanderer und Ankömmlinge (unter Ausklammerung der Spätaussiedler) gegeneinander aufrechnet, sind zwischen 1993 und 2005 mehr als 300.000 Deutsche ausgewandert. Frustriert aufgrund pessimistischer Stimmung und schlechter Wirtschaftslage verlassen, anders als zuvor, vor allem hochqualifizierte Arbeitskräfte das Land. Fernsehreportagen begleiten Familien auf ihrem Weg in andere Länder und Internetforen wie *www.nixwiewegaus.de* zelebrieren den Abschied mit politischen Botschaften.

Dabei sind die Motive, ins Ausland zu gehen, uneinheitlich. Nicht nur von Managern erwartet man heutzutage die Bereitschaft, international beweglich zu sein. Die Arbeitswelt steht ganz im Zeichen der Globalisierung. Einst war Auswandern noch unwiderruflich. Heute ist es kein Problem, ein Jahr in den USA und dann zwei in Polen zu arbeiten. Jobnomaden gehören schon fast zum beruflichen Alltag. Die Welle der an einem Auslandsaufenthalt Interessierten geht quer durch alle Berufsgruppen und Schichten. Viele treibt es nicht zwingend fort, aber es hält sie auch nicht viel in Deutschland. Die meisten bleiben zwischen einem und drei Jahren im Ausland, bevor sie entweder zurück in die Heimat gehen, ganz dort bleiben oder in ein anderes Land wechseln. Viele, die einmal im Ausland waren, sei es während des Studiums oder später, bleiben magisch angezogen von fremden Ländern.

Und was bewegt Sie selber?

Warum möchten Sie fort aus Deutschland? Können Sie diese Frage genau beantworten? Antworten sind immer hilfreich, denn viele Personen aus ihrer Umgebung werden Sie danach fragen. Außerdem trägt es zum Gelingen des Vorhabens bei, wenn Sie sich im Klaren sind, warum Sie den Entschluss gefasst haben. Schließlich gibt es viele Motive, einen Auslandsaufenthalt in Erwägung zu ziehen: vage Gefühle wie Unzufriedenheit mit der derzeitigen Arbeits- und Lebenssituation, Sehnsucht nach Tapetenwechsel und ein generelles Interesse an anderen Kulturen. Hinzu kommen äußere Anlässe wie die Hochzeit mit einem Menschen nichtdeutscher Herkunft, dessen Kultur und Heimat man genauer kennenlernen möchte. Und schließlich spielte der Wunsch oder das Angebot für eine berufliche Veränderung eine nicht unwesentliche Rolle; dabei kann es darum gehen, wieder Schwung in die Karriere zu bringen oder ganz neue Tätigkeitsfelder zu erkunden.

Die Entscheidung fällt letztlich meist auf Grundlage verschiedener Bedürfnisse, Motive und Anlässe. Da hat es beispielsweise die junge Romanistikstudentin schon immer in den Süden gezogen, sie heiratet einen italienischen Kommilitonen, dieser findet nach dem Studium keine Arbeit in Deutschland, und man beschließt, für die Familiengründung nach Italien zu gehen. Da gibt es den Produktingenieur, der schon als Kind mit den Eltern viel gereist ist und die ökonomische Lage in Deutschland deprimierend findet. Er erhält über seinen Arbeitgeber die Gelegenheit, für einige Zeit nach China zu gehen, und die Familie zieht mit. Ein weiteres Beispiel wäre das Ehepaar mit zwei Kindern, das schon immer eine Affinität zur französischen Sprache hatte, sich mehr und mehr in eine Gegend in Südfrankreich verliebt, und, da beide selbständig und kurz vor dem Burnout stehen, beschließen, für ein paar Jahre ein anderes Leben auszuprobieren – natürlich in Frankreich.

Im Folgenden listen wir einige typische Motive für einen Auslandsaufenthalt auf. Überlegen Sie, welche Beweggründe Sie haben. Die Art und Weise, wie man sich das Auslandsvorhaben vorstellt, wird Planung und Gestaltung des Auslandsaufenthaltes zentral mit bestimmen.

„Wir fanden andere Kulturen immer spannend"

Kulturelle Neugier und Hoffnung auf Horizonterweiterung
Sind Sie von der Fremde fasziniert? Es ist kaum zu erklären, aber Mentalitätsunterschiede, exotische Gewohnheiten und Sprachdifferenzen erlebten eine Vielzahl von Menschen nicht als Belastung sondern als anregende Herausforderung, den eigenen Horizont zu erweitern. Folglich wollen sie die Fremde nicht nur touristisch sondern im Alltag erleben und fühlen sich zu anderen Kulturen auf besondere Weise hingezogen. Hinzu kommen können Abenteuerlust und eine Sehnsucht, sich selbst intensiver als bisher wahrzunehmen, das eigene Leben aus einem anderen Blickwinkel zu betrachten und sich neuen Herausforderungen zu stellen.

„Lass uns eine Weile dort leben"

Die eigene Kultur bzw. die des Partners kennenlernen

Wollen Sie die Herkunftskultur Ihres Partners kennenlernen? Auch und gerade in Zeiten der Globalisierung ist die Liebe ein Beweggrund, ins Ausland zu gehen. Schon seit Jahren wird jede sechste Ehe in Deutschland binational geschlossen; die Zahl nicht standesamtlich registrierter bikultureller Partnerschaften dürfte um ein Vielfaches höher sein. Manchmal verliebt man sich nicht nur in den Partner, sondern zugleich in die mit ihm verbundene Sprache und Kultur. Und was gibt es Schöneres, als gemeinsam mit einem Muttersprachler als Mittler die andere Kultur kennenzulernen? Vielleicht fühlt der Partner sich auch nicht (mehr) wohl in Deutschland. Oder man zieht aus Paritätsgründen in Erwägung, eine Weile in der Kultur des Partners zu leben. Auch wer selbst nicht-deutsche Wurzeln in der Familie hat, fühlt sich unter Umständen in die Heimat der Ahnen hingezogen, um dort auf Spurensuche zu gehen.

„Diese Erfahrungen nimmt ihnen niemand mehr weg"

Das Leben der eigenen Kinder bereichern

Möchten Sie Ihren Kindern gute Startchancen ermöglichen? Manche Eltern, die als Jugendliche selbst keine Gelegenheit hatten, im Ausland zu leben und mehrsprachig aufzuwachsen, möchten ihren Kindern die Option „Auslandserfahrung" als persönliche Bereicherung auf dem Weg in den globalen Arbeitsmarkt mitgeben. Es beglückt sie, sich vorzustellen, dass die Kinder eine oder mehrere Sprachen sprechen werden, sich international sicher bewegen können und lernen, mit Menschen aus verschiedenen Kulturen auszukommen. Vor dem Hintergrund der Globalisierung möchten Sie ihnen kosmopolitische Erfahrungen, Sprachkenntnisse und einen international attraktiven Schulabschluss ermöglichen.

„Die Aussichten in Deutschland sind nicht besonders gut"

Ökonomische Gründe

Suchen Sie neue existenzielle Perspektiven? Steigende Preise, hohe Lebenshaltungskosten, Steuern und Abgaben, soziale Unsicherheit, eine hohe Arbeitslosenquote, schlechte Jobaussichten für manche Berufe und die Diskriminierung älterer Arbeitskräfte auf dem Arbeitsmarkt, Arbeitslosigkeit oder eine frische Kündigung – die Liste der ökonomischen Gründe, das Land verlassen zu wollen, ist lang. Manche Menschen haben das Gefühl, dass man in Deutschland keine „richtige Zukunft" mehr hat. Sie fühlen sich angezogen von Volkswirtschaften, in denen bestimmte Branchen boomen oder generell andere Berufswege offenstehen. Es reizt die Vorstellung, noch einmal neu anfangen zu können.

„Ich finde, dass in Deutschland alles festgefahren ist"
Politische Unzufriedenheit

Oder sind Sie „deutschlandmüde"? Die Debatten über Reformen im Schneckentempo und eine allgegenwärtige öffentliche Jammer- und Unzufriedenheitskultur legen sich bei manchen Menschen auf die persönliche Stimmmung. Aber auch Scham über ausländerfeindliche und rechtsradikale Tendenzen gehören zu den politischen Gründen, die von Ausreisewilligen genannt werden. Es gibt nicht wenige Menschen, die am politischen Klima leiden und auf Reisen andere Einstellungen erfahren haben. Ihnen ist zwar klar, dass es auch im Zielland Probleme gibt, doch sie möchten andere Lebensweisen kennenlernen, die helfen, damit umzugehen.

„Ich fühle mich hier nicht mehr wohl"
Klimatische Gründe

Sehnen Sie sich nach Sonne, Palmen und freundlichen Menschen? Das häufige Regenwetter, aber auch die „soziale Kälte" können aufs Gemüt schlagen. Auch das fehlende Lächeln ihrer Mitmenschen mag die Sehnsucht nach einer anderen Lebensqualität vermehren. Hinzu kommen die in anderen Breitengraden sicheren Aussichten auf ein angenehmes Klima, auf allen zugängliche Freizeitangebote und andere zwischenmenschliche Umgangsformen im privaten wie im öffentlichen Raum. Auch gesundheitliche Gründe können eine Rolle spielen: Manche Krankheiten bessern sich unter anderen klimatischen Bedingungen.

„So ein Jobangebot kann ich nicht ausschlagen"
Für die eigene Karriere

Sehen Sie die Auslandserfahrung als Sprungbrett für Ihre Karriere? Immer mehr Angestellte ergreifen heutzutage die Gelegenheit, über eine Entsendung durch ihren Arbeitgeber Deutschland eine Weile den Rücken zu kehren. Oder sie suchen sich kurzerhand selbst einen Job im Ausland. Hochqualifizierte Arbeitnehmer sehen in einem Auslandsaufenthalt gute Chancen für eine persönliche und berufliche Entwicklung, die bei der Rückkehr auch auf die Karriere positiv angerechnet werden könnte. Bei einer firmenorganisierten Abstellung ist die Entsendungszeit überschaubar, und der Umzug wird zumeist finanziell und organisatorisch unterstützt. Als in der Regel privilegierte Minderheit im Zielland lebend, versprechen Arbeit und Leben im Ausland, eine spannende Herausforderung zu werden.

„Das ist eine Entwicklungschance für unsere ganze Familie"
Begleitung des Partners

Überlegen Sie, Ihren Partner oder Ihre Partnerin zu begleiten? Für eine Reihe von Paaren stellt sich die Frage nach dem Auslandsaufenthalt, weil ein Familienmitglied eine Option auf einen attraktiven Arbeitsplatz im Zielland erhalten hat. Warum nicht, denken sich dann Partnerinnen, denn rund 80 Prozent sind Frauen. Zugleich rückt die eigene Karriere- und Lebensplanung mehr oder weniger plötzlich in den Vordergrund. Sie fragen sich, was es für die eigene Karriere bedeutet, ob der Auslandsaufenthalt für die Familiengründung genutzt werden kann oder wie die Kinder davon profitieren können. Viele sehen darin eine Chance, als Individuen und als Familie an den Erfahrungen zu wachsen.

„Ich möchte einen sinnvollen Beitrag leisten"
Das Bedürfnis, Anderen zu helfen

Sie wollen an einer „besseren Welt" mitarbeiten? Wollen Anderen helfen, Gerechtigkeit befördern, dabei fremde Kulturen hautnah erleben. Viele Menschen werden von idealistischen Motiven bewegt, ins Ausland, vor allem in

Entwicklungsländer zu gehen. Manche jungen Menschen möchten ein freiwilliges soziales oder ökologisches Jahr im Ausland absolvieren. Ältere bewegt u.a. der Wunsch der Wiedergutmachung für in der Kolonial- oder Kriegszeit zugefügtes Unrecht. Auch religiöse oder humanitäre Beweggründe können ausschlaggebend für den Ausreisewunsch sein. Es erscheint ihnen sinnvoll, mit ehrenamtlicher oder honorierter Arbeit einen sichtbaren Beitrag für das Wohlergehen anderer, bedürftiger Menschen zu leisten – und es zieht sie vor Ort.

Was sagt die Statistik?

Arbeitslosigkeit wäre für die meisten Deutschen der wichtigste Grund, ins Ausland zu gehen, ermittelte eine Studie des Meinungsforschungsinstituts Emnid im Jahre 2006, das repräsentativ ausgewählte Deutsche befragt hat. So verwundert es nicht, dass die Zentrale Arbeitsvermittlung im Jahr 2005 insgesamt 8.500 Deutsche ins Ausland vermittelt hat. Auf Platz zwei der Motive, mit dem Ausland zu liebäugeln, folgen hohe Steuern und Lebenshaltungskosten. Als dritter Hauptgrund wird die nicht ausreichende Rente für den Lebensabend angegeben. Aber es gibt – je nach Zielgruppe – auch andere Motive. Sieben Prozent der Berliner nennen beispielsweise „geringe Chancen, einen Lebenspartner zu finden" als Anlass, um ans Auswandern zu denken.

Tatsächlich verlassen nach einer Umfrage des Raphaels-Werk Hamburg über 60 Prozent der Auswanderer Deutschland, weil sie hier zurzeit keine berufliche Perspektive sehen. 20 Prozent wagen den Neuanfang in einem anderen Land aus familiären Gründen. Gut sieben Prozent hoffen, ihren Lebensstandard im Ausland verbessern zu können. Entsprechend sind die meisten Ausreisewilligen im besten arbeitsfähigen Alter, also zwischen 30 und 50 Jahre, über die Hälfte sind sogar unter 35 Jahren. Auf Internetseiten zum Thema „Auswandern" können Interessierte ihre Motive anhand einer vorgegebenen Liste angeben. Dort findet man mit 22 Prozent den Spitzenreiter unter den Motiven: nämlich in Deutschland keine Zukunft mehr zu sehen. Auf Platz zwei folgt mit 15 Prozent das Motiv, noch einmal neu anfangen zu wollen, und gleichauf die Hoffnung auf höhere Lebensqualität im Ausland. Das Gefühl, dass in Deutschland alles festgefahren sei, wird mit zehn Prozent genauso häufig angegeben wie der Reiz, andere Menschen und Aufgaben kennenzulernen.

Ihre persönlichen Ziele und Erwartungen

Welche Gründe bewegen Sie und Ihre Angehörigen, ins Ausland zu gehen? Es ist wichtig, sich im Klaren zu sein, was man sich von einem Wechsel des Wohnortes, des Arbeitsplatzes, der Kultur und der Landesgrenzen verspricht. Formulieren Sie möglichst genau Ihre individuellen und gemeinsamen Ziele. Vergleichen und diskutieren Sie die Erwartungen und Wünsche für eine gemeinsame Entscheidungsfindung. Bei jedem Bündel von Motiven sollten Sie genau prüfen, welche Chancen und welche Risiken damit verbunden sind. Nur wer – bei aller Begeisterung für das Abenteuer – einen klaren Kopf bewahrt und seine Wünsche und Erwartungen benennen kann, schützt sich vor unnötigen Enttäuschungen. Fragen Sie sich:

- Was möchten Sie mit dem Auslandsaufenthalt erreichen?
- Was fehlt Ihnen hier, was Sie im Ausland finden könnten?
- Was möchten Sie hinter sich lassen?
- Was werden Sie nach Ihrer Rückkehr mitgebracht haben?
- Was würde geschehen, wenn Sie nicht ins Ausland gingen?
- Wie stellen Sie sich Ihren Arbeitsplatz im Zielland vor?
- Wie soll Ihr Haus bzw. Ihre Wohnung aussehen, und wo soll sie liegen?
- Was möchten Sie gerne in der Freizeit machen?
- Welche Unterstützung erwarten Sie von Ihrem Arbeitgeber?
- Wie soll Ihr Alltag aussehen?
- Was sollen Ihre Kinder lernen?
- Wie soll Ihr Tagesablauf aussehen?
- Worauf möchten Sie auf keinen Fall verzichten?

Es lohnt sich, Ihre Entscheidung vor dem Hintergrund zu befragen, welche Auswirkung sie auf Ihre langfristige Lebensplanung – bis hin zur Gestaltung des Lebensabends – haben wird. Erfahrungen zeigen, dass Ausgereiste, die ihre mittel- und langfristigen Ziele vorab geklärt hatten, besser für Enttäuschungen und Unvorhergesehenes im Ausland gewappnet waren.

Welche Perspektive haben Sie?

Was bedeutet der Schritt ins Ausland für Sie? Sehen Sie das Ausland als Episode? Etwa nach dem Motto: „Wir sehen die Chance, eine neue Erfahrung zu machen, wissen aber, wo wir verwurzelt sind, und werden dorthin zurückkehren." Oder geht es Ihnen so, dass Sie das Ausland als Abenteuer ansehen? Und sie sagen sich: „Wir lassen uns darauf ein und bleiben flexibel. Wir sind darauf gespannt, was kommt und zu neuen Erfahrungen bereit. Wir lassen Entwicklungen Raum und wissen noch nicht, wohin der Weg führen wird." Vielleicht fühlen Sie sich auch überall zu Hause und haben die Einstellung: „Wir sind Kosmopoliten. Unsere Heimat sind gleichgesinnte Personen, unsere Kinder gehen in verschiedenen Internaten der Welt zur Schule, und wir haben ein Familiendomizil, an dem wir uns regelmäßig treffen." – Es ist Ihre Haltung, die sich einer der genannten Positionen annähert oder sich zwischen zwei Polen bewegt, die die Grundlage für Ihre weiteren Entscheidungen bilden wird.

Wahl der Zielkultur

Neben den Motiven, Deutschland zu verlassen, ist die Wahl der Zielkultur – falls man denn die Wahl hat – von weitreichender Bedeutung. Hat es Ihnen eine spezielle Kultur angetan oder stehen eher pragmatische Kriterien wie Jobchancen und Verdienstmöglichkeiten bei der Wahl eines Ziellandes im Vordergrund? Für welches Land man sich entscheidet, hängt also von vielen Faktoren ab: Chancen auf dem Arbeitsmarkt, kulturelle und klimatische Vorlieben, Sprachkenntnisse, finanzielle Mittel und nicht zuletzt generelle familiäre Zukunftspläne. In jedem Fall muss man die andere Kultur vorher möglichst genau erkunden – in etwa so wie einen Partner, mit dem man eine Romanze beginnt, denn sie wird einen prägenden Einfluss auf die eigene Existenz haben. Bei nicht wenigen Menschen überlappen diese Aspekte: Sie lernen im Ausland ihren Lebenspartner kennen, heiraten und verwurzeln sich stärker in der Zielkultur als ihnen vorher bewusst war. Auch nach einer möglichen Trennung bleiben viele in der inzwischen lieb gewonnenen Kultur. Doch wie bei einer Ehe ist der Verlauf eines Auslandsaufenthaltes nicht immer so glücklich, wie der Anfang zu versprechen schien. Schauen Sie sich daher das Land und seine Kultur genau an. So banal es klingt, Studien zeigen, dass negative Details bei der Wahl des Ziellandes genauso gerne ausgeblendet werden, wie unangenehme Angewohnheiten des Partners, wenn man sich verliebt hat. Ein Look-and-See-Trip, also eine Orientierungsreise vor Ort, ist das Mindeste, was Sie investieren sollten, um nicht später den eigenen Träumen aufzusitzen. Ein genaueres Bild können Sie sich auch mit einem „Probeleben" machen. Spezialisierte Dienstleister bieten Orientierungsaufenthalte zum Kennenlernen des Ziellandes und zum Fremdsprachenerwerb als Vorbereitung auf einen längeren Aufenthalt an.

⊕ *www.auswandern-auf-probe.de*

Wohin gehen die Deutschen?

Über die Hälfte der emigrierenden Deutschen gehen laut Statistischem Bundesamt (Jahrbuch 2006) innerhalb der EU ins Ausland. Neben den aktuellen Spitzenreitern Österreich und Polen werden Frankreich, Spanien und Großbritannien gleichrangig oft als Zielländer gewählt. Knapp ein Drittel der Ausreisenden wechseln innerhalb des übrigen Europas, insbesondere in die Schweiz. Ein Zehntel der Deutschen gehen in die USA und nach Kanada. Auf den hinteren Plätzen rangieren Asien mit 6 Prozent und Afrika mit 3 Prozent.

Für welches Land entscheiden Sie sich?

Haben Sie gute Gründe für die Wahl des Landes? Oder haben Sie „genommen, was kam"? Schauen Sie genauer hin:

○ Wissen Sie durch eigene Erfahrungen schon, worauf Sie sich einlassen?

- Welche kulturellen Werte prägen die von Ihnen gewählte Kultur?
- Was gefällt und was missfällt Ihnen an dieser Kultur?
- Kennen Sie Personen, von deren Erfahrungen Sie profitieren könnten?

Ein kleiner Selbst-Test

Machen Sie den Test, ob Sie mit der Wahl Ihres Ziellandes richtig liegen. Diese Übung ist für zwei Personen ausgerichtet.

Zählen Sie sich nacheinander wechselseitig drei bis fünf Minuten lang alle Aktivitäten auf, die Ihnen Spaß machen und die Sie erfüllen (das können auch scheinbar banale Tätigkeiten sein, wie „Telefonieren" etc.). Ihr Gesprächspartner hört genau zu, unterbricht nicht, fragt nicht nach, schreibt jedoch mit. Am Ende fasst der Zuhörer die Tätigkeiten in Gruppen zusammen (so wird z. B. aus „im Wald Spazieren gehen", „Bäume einatmen", „im Garten graben" usw. die Gruppe „in der Natur sein und mit ihr zu tun haben") und trägt sie Ihnen noch einmal vor. Prüfen Sie nun, ob all die Tätigkeiten, die Ihnen Freude machen, am Zielort möglich sind? Dann wechseln Sie die Rollen.

Interview

mit Kerstin E. Finkelstein, freiberufliche Journalistin und Buchautorin mit vielfachen Auslandserfahrungen

Was sind die gängigsten Gründe für das Auswandern der Deutschen gewesen, die Sie besucht haben? Was suchten die Menschen, und haben sie es gefunden?
Finkelstein: Die meisten der Deutschen, die ich bei meinen Recherchen getroffen habe, sind aus beruflichen Gründen ins Ausland gegangen. Interessanterweise gab es unter ihnen aber nicht nur Menschen, die vorher hier arbeitslos gewesen waren, oder zumindest Angst vor einem Abstieg hatten. Nein, viele gingen weg, weil ihnen hierzulande die Arbeit über den Kopf gewachsen war. Sie suchten in der Ferne also weniger die große Karriere,

als vielmehr ein bisschen mehr Freiraum im Leben, um ihn z. B. für die Familie oder auch die reine Lebensfreude eines alltäglichen Strandbesuches nutzen zu können.

Ein sehr schöner und für mich überraschend häufiger Grund, in die Ferne zu ziehen, war die Liebe. Viele der deutschen Auswanderer, die mir begegneten, hatten auf einer Urlaubsreise oder auch während eines Praktikums oder Studiums *den* Mann bzw. *die* Frau getroffen. Oftmals halten solche Beziehungen dann auch trotz des Alltages und erleichtern das Einleben in der Fremde natürlich erheblich. Daneben habe ich einige der vielen Rentner getroffen, die ihren Lebensabend lieber mit Sonne und Palmen als Nieselregen und winterlich kahlen Bäumen verbringen möchten. Die meisten von ihnen brechen aber ebenso wie die vielen Entsandten ihre Verbindungen nach Deutschland nicht endgültig ab.

Wie haben sie sich vorbereitet? Welche Entscheidungen mussten sie treffen?
Ganz so blauäugig, wie derzeit gerne in manchen Medien berichtet wird, geht meiner Erfahrung nach kaum jemand den Schritt ins Ausland an. Die meisten der Auswanderer, die ich getroffen habe, sind z. B. vor ihrem Umzug in das betreffende Land gereist und haben sich zudem zumindest Grundzüge der Sprache angeeignet. Wer bereits Kinder hatte, schaute sich in der Regel nach einer deutschen Schule um, und fast alle hatten jedenfalls eine Idee, in welcher Branche sie Arbeit finden könnten. Viele der Entscheidungen dieser Auswanderer fielen dennoch eher unbewusst. Denn schließlich ist sich kaum einer wirklich klar, was er alles hinter sich lässt, gegen was er sich also entscheidet, wenn er ins Ausland zieht.

Was haben die Menschen dort am meisten vermisst?
Vermisst haben die Fortgezogenen dann eine ganze Menge, wobei natürlich mit wachsender Entfernung zu Deutschland auch die Verluste steigen. Dass auf der Straße nicht mehr die Muttersprache gesprochen wird, erlebt man schon in Spanien oder Frankreich, ebenso wie man

Freunde und Verwandte nicht mal eben auf ein abendliches Bier besuchen kann. In Argentinien und Australien etwa, müssen sie dann aber zusätzlich noch auf die Uhr schauen, ob sie überhaupt zu Hause anrufen können; sie haben ein anderes Lebensgefühl, da die Jahreszeiten verschieden sind; und nicht zuletzt entwickelt man sich auch bei den Themen auseinander – schließlich interessiert einen nach fünf Jahren China die neueste Gesetzgebung zur deutschen Arbeitsmarktpolitik nicht mehr wirklich. Folglich haben fast alle Auswanderer auf die Frage, was ihnen fehlt, als erstes mit ‚alte Freunde‘ geantwortet.

Was trafen sie vor Ort an? Was haben sie getan, um sich einzugewöhnen?
Der Mehrzahl der Fortgezogenen gelang es zwar, in dem neuen Umfeld Anschluss und neue Bekanntschaften zu finden, ihnen fehlte aber die gemeinsame Basis der Sprache, Geschichte und Kultur. Damit ist nicht immer „Schweres" wie Goethe und Mozart gemeint, es kann auch um Partyerlebnisse mit Nenas „99 Luftballons" gehen, die andernorts keinerlei Wiedererkennungseffekt auslösen.

Welche Probleme haben Ihrer Meinung nach gerade Deutsche im Ausland?
Probleme haben vor allem diejenigen Deutschen im Ausland, die allein von der heimischen Art der Lösungen überzeugt sind. Anders gesagt: Wer nach Thailand geht, muss damit rechnen, dass Thais an Schwierigkeiten anders herangehen als Deutsche. Das gilt auch dann, wenn der deutsche Weg schneller und zielführender wäre. Deutsche sind in vielen wirtschaftlichen Belangen global gesehen offensichtlich gut, sollten sich aber an die Gebräuche ihrer neuen Heimat anpassen. Das fällt vielen schwer.

Wie werden „wir" Deutsche oft im Ausland gesehen? Auf was müssen wir uns einstellen?
In der Regel schlagen einem als Deutschem im Ausland eine Menge positiver Vorurteile entgegen. *Der* Deutsche gilt als zuverlässig, pünktlich, ordentlich, arbeitsam und fleißig – und muss sich bemühen, diese Vorurteile zu

widerlegen. Auf sozialer Ebene fällt das Urteil jedoch oftmals deutlich weniger positiv aus und entspricht dem argentinischen Ausdruck „Alemán cuadrado", der quadratische Deutsche ist hier der ungesellige Sturkopf.

Welchen Rat geben Sie Deutschen, die eine zeitlang im Ausland leben und arbeiten möchten?
Es kann Deutschen im Ausland nicht schaden, gelegentlich zuzuhören, anstatt selbst gleich alles zu wissen. Zudem sollten sie etwas Zeit in einen freundlichen Small-talk investieren. Beides wird dazu führen, nicht nur positiv in Erinnerung zu bleiben, sondern auch selbst positive Erfahrungen zu sammeln. Auf der praktischen Ebene sollten alle die, die zeitweise ins Ausland gehen, ebenso wie die dauerhaft Auswanderungswilligen unbedingt den Kontakt zum deutschen Sozialversicherungssystem behalten und darüber hinaus genau überlegen, ob sie ihre Staatsangehörigkeit abgeben! Deutschland funktioniert im weltweiten Maßstab immer noch sehr reibungslos, und Abenteuer lassen sich entspannter erleben, wenn man Kontakt zu einer möglichen Rückzugsbasis hält.

2 | Vom Traum zum Plan

Es ist wichtig, die eigenen Wünsche und Ziele ernst zu nehmen – sie sind Motor unserer Entwicklung und Energiespender. Manchmal ist es geradezu lebenswichtig zu träumen. Wenn Sie sich über Ihre Motive klarer geworden sind, dann wissen Sie nun in etwa, was Sie suchen und anstreben. Manche Ideen reifen wahrscheinlich schon längere Zeit und jetzt brennen Sie darauf, sie auch umzusetzen. Doch an dieser Stelle sind einige Zwischenschritte ratsam. Es geht nicht darum, Träume über Bord zu werfen, sondern die eigenen Vorstellungen noch einmal genauer anzuschauen, um sicher zu sein, dass sie auch Realität werden können.

Während die einen auf ihre innere Stimme hören, die sagt, „Träume, Wünsche, das ist doch alles unrealistisch", denken andere eher an die Risiken und Unwägbarkeiten einer solchen Entscheidung. Beide Aspekte sind wichtig und zulässig. Trainer, die Personen auf Auslandsaufenthalte vorbereiten, berichten von der typischen Mischung aus Aufbruchstimmung und Hoffnung, Ängsten und Befürchtungen.

Die richtige Strategie ist es, nun den Träumer, den Realisten und den Kritiker in sich ins Gleichgewicht zu bringen. Auch

Noch ein kleiner Test – frei nach W. Disney

Beginnen Sie damit, dass Sie drei Blatt Papier vor sich hinlegen: eins für den „Träumer", eins für den „Realisten" und eins für den „Kritiker". Sie gehen während der Übung nacheinander von Blatt zu Blatt und spüren dem nach, was die jeweilige Rolle Ihnen zu sagen hat. Beginnen Sie mit dem Träumer. In der Träumerrolle ist es Ihnen gleichgültig, wie Ihre Ideen umgesetzt werden können, ob sie realistisch sind und sich das Ganze lohnt. Sie träumen! Sie phantasieren! Sie lassen Ihren Wünschen freien Lauf. Danach werden Sie zum Realisten und betrachten den Traum als Fundgrube für die Umsetzung. Es ist völlig egal, ob das ein sich lohnender Traum ist. Tun Sie einfach so, als hätten nicht Sie, sondern der Träumer den Traum formuliert. Fragen Sie sich: Wie könnte man den Traum realisieren? Überlegen Sie, welche Möglichkeiten Sie bereits haben und welche Mittel Sie noch benötigen. Machen Sie einen Plan vom Hier & Jetzt zum Erfolg. Nun verwandeln Sie sich in den Kritiker, betrachten den Plan, finden die Schwachpunkte, Fehler und Illusionen. Halten Sie sich nicht zurück, legen Sie richtig los. Bemühen Sie sich nicht, konstruktiv oder nett zu sein. Sagen Sie, was Sache ist! Jetzt werden Sie wieder zum Träumer und machen etwas Großartiges, Freches, Überraschendes: Sie nehmen sich die Kritik Stück für Stück vor und erweitern Ihre Vision so, dass sich die Kritik auflöst. Wichtig ist, dass Sie erweitern, nicht reduzieren. Der Traum wird völlig unrealistisch? Richtig, Sie sind ja auch in der Träumerrolle; der Realist kommt gleich. Sie erweitern Ihren Plan, um den neuen Traum zu realisieren. Danach üben Sie wieder Kritik. Und dann erweitern Sie erneut Ihre Vision. Machen Sie weiter, bis Sie die eine große Vision und ihren großen Plan gefunden haben, der realisierbar ist, und Ihnen keine Kritik mehr einfällt. Nun haben Sie eine Marschrichtung für die Zukunft. Die meisten Menschen sind überwiegend Kritiker, ein wenig Realist und kaum Träumer. Diese Methode stärkt den Träumer, ohne die beiden anderen Rollen zu schwächen. Leben Sie jede Rolle hundertprozentig, dann treffen Sie hundertprozentige Entscheidungen.

hierfür schlagen wir Ihnen eine Übung vor, die „Disney-Strategie". Dieses Vorgehen gehörte zum Tagesgeschäft von Walt Disney. Um seine erfolgreichen Filme gestalten zu können, war es für ihn wichtig, ungehemmt zu träumen. Dafür hatte er ein eigenes Besprechungszimmer. Anschließend wechselte er in ein anderes Zimmer und fragte sich, wie er den Traum umsetzen könne. Hier untersuchte er mit seinen Mitarbeitern die finanziellen Möglichkeiten. In einem dritten Raum wurde alles noch einmal kritisch geprüft. Dieses Vorgehen bewahrte ihn vor großen Flops und ließ ihn wahre Meisterwerke produzieren.

Nach der Klärung von Visionen und Wünschen stellt sich nun eine Reihe praktischer Fragen, denen man die nötige Aufmerksamkeit widmen sollte. Das Motto „Weg von hier ist mein Ziel" ist kein guter Ratgeber. „Viele, die auswandern, gehen zu naiv an das Thema heran," meint Gisela Dell, Auswanderungsberaterin vom gemeinnützigen Raphaels-Werk des Caritasverbandes im Karriere-Journal *Monster*, „viele Menschen haben das falsche Bild im Kopf oder kümmern sich erst viel zu spät um die Fakten. Wer sich erst Gedanken macht, wenn das Haus bereits dem Immobilienmakler übergeben wurde, kann böse Überraschungen erleben." In den klassischen Auswanderungsländern wie Kanada oder USA können Visa-Prozesse bis zu zwei Jahre andauern. In anderen Ländern, wie z.B. der Türkei, bekommt man seine Möbel am Zoll erst, wenn man Aufenthalts- und Arbeitsgenehmigung vorlegen kann.Auch die Familie wird oft zu wenig auf das Ausland vorbereitet. Wenn man gemeinsam ins Ausland geht, gibt es für jede Person in der Familie andere Vorbereitungen zu treffen und andere Fragen zu beantworten – und darum wird es im nächsten Kapitel gehen.

⊕ Beratung im Internet

www.raphaels-werk.de
www.ev-auslandsberatung.de
www.bundesverwaltungsamt.de

Antworten auf häufig gestellte Fragen finden Sie unter
www.auswaertiges-amt.de/diplo/de/Infoservice/FAQ/Fragenkatalog.html

Nichts wie weg? –
Ein paar Jahre Ausland

Willst Du deinen Traum verwirklichen, dann erwache.

Rudyard Kipling

Welche Schritte auf dem Weg hinaus aus Deutschland muss ich beachten, damit meine Vorstellungen Realität werden? Werden meine Angehörigen mitmachen – und worauf muss ich dann achten? Das sind sicherlich nur Beispiele für die vielen Fragen, die Sie sich stellen werden. Vielleicht sehen Sie nur einen Berg von Hindernissen vor sich und haben keine klare Idee, wie Sie all diese überwinden können. Im nächsten Moment aber überwiegt womöglich die Vorfreude auf den neuen Lebensabschnitt. Beides ist richtig und wichtig, und daher sollten Ihre nächste Schritte gut vorbereitet sein, sowohl die persönlichen als auch die beruflichen. Weil Sie sich vielleicht schon auf das andere Klima und den vermeintlich herausfordernden Umgang mit den neuen Mitmenschen freuen, besteht die Gefahr, eine gründliche Klärung und Planung zu vernachlässigen. Abhängig von der persönlichen Situation und Ihren Zielen, können Sie bereits von Deutschland aus eine ganze Menge gut vorbereiten, um eine sanfte Landung im Ausland zu gewährleisten.

1 | Der Weg ins Ausland:
Ihre persönliche Situation entscheidet

Je nachdem, in welcher Situation Sie sich gerade befinden, haben Sie unterschiedliche Vorbereitungen zu treffen, bevor Sie Deutschland verlassen. Während der entsandte Angestellte seine Verantwortungsbereiche und die Gehaltsstruktur klären muss, legt der mitausreisende Partner den Fokus möglicherweise auf die Kinder oder auf seine Aufgaben und Beschäftigungsmöglichkeiten vor Ort. Diejenigen wiederum, die im

Ausland einen Job suchen oder sich selbstständig machen möchten, sollten sich mit dem Eintritt in den Arbeitsmarkt im Zielland beschäftigen. Für diese drei genannten Konstellationen finden Sie im Folgenden einige Hinweise und Fragestellungen, mit denen Sie sich auseinandersetzen sollten, bevor Sie die Koffer packen.

- *Angestellt* – Als Entsandter seiner Firma ins Ausland (→ S. 26)
- *Angehöriger* – Als mitreisender Partner ins Ausland (→ S. 43)
- *Arbeitssuchend* – Jobsuche und Existenzgründung im Ausland (→ S. 53)
- *Hauptsache Familie* – Bikulturelle Paare und Familiengründung im Ausland (→ S. 63)

Angestellt – Als Entsandter seiner Firma ins Ausland

Hat Ihr Arbeitgeber eine Zweigstelle oder einen Geschäftsbereich im Ausland eröffnet und traut Ihnen den Aufbau zu? Leiten Sie ein Projekt, das eine längere Anwesenheit vor Ort erforderlich macht? Immer mehr Angestellte ergreifen heutzutage die Möglichkeit, über eine Entsendung durch ihren Arbeitgeber als „Expatriate" – oder kurz „Expat" – eine Weile außerhalb Deutschlands zu sein. Wer sich schon länger mit dem Gedanken befasst, ins Ausland zu gehen, kann im Unternehmen die Augen offen halten, wo sich die Option ergeben könnte. Auch empfiehlt es sich, die grundsätzliche Bereitschaft bei Vorgesetzten strategisch zu kommunizieren. Die meisten Unternehmen sehen es als Pluspunkt, wenn jemand freiwillig geht. Anders als noch vor 10 Jahren ist es für sie etwas schwieriger geworden, Personen und Familien zu finden, die den Schritt ins Ausland leicht auf sich nehmen.

Aber wir sollten hier auch die Fälle erwähnen, in denen Mitarbeiter unfreiwillig ins Ausland müssen. Im Inland gibt es für sie keine Perspektiven mehr, eine Reorganisation hat ihren Einsatzbereich überflüssig gemacht, der aber im Ausland noch stark gefragt ist. Bevor man arbeitslos wird oder eine Stelle übernehmen bzw. suchen muss, wird der Auslandsaufenthalt in Erwägung gezogen.

Für einige kommt das Angebot überraschend. Vielleicht haben Sie noch nie mit dem Gedanken gespielt und fühlen sich nun regelrecht von der Option angesprochen. Wenn Sie sich die Mühe gemacht haben, Ihre Motive und Ziele zu klären, ist es nun für Sie *die* Chance, diese Möglichkeit, egal ob selbstgewählt oder eher unfreiwillig, ohne große existenzielle Sorgen zu verwirklichen. Die berufliche Stellung verbessert sich im besten Fall, als Entsandter hat man häufig Privilegien; und wer würde eine Auslandserfahrung nicht nutzen wollen. Es scheint die einfachste Variante zu sein, mit einem Vertrag und Versorgungspaket des Arbeitgebers im Rücken internationale Erfahrungen zu sammeln. Die Entsendungszeit ist überschaubar, und der Umzug wird zumeist finanziell und organisatorisch unterstützt. Daher sehen die meisten Entsendungsbereiten in einem firmenorganisierten Auslandsaufenthalt eine gute Gelegenheit für eine persönliche Entwicklung, die bei der Rückkehr auch auf die Karriere positiv angerechnet werden könnte.

Was immer der Grund ist, auch die Entsendungsoption sollte man ebenso wohlwollend wie kritisch prüfen und vor allem systematisch planen.

Eine Entsendung liegt vor, wenn sich ein Arbeitnehmer auf Wunsch seines Arbeitgebers vom Inland ins Ausland begibt, um dort eine Beschäftigung für diesen Arbeitgeber auszuüben. Von einer Entsendung spricht man unter zwei Bedingungen. Erstens: Der Auslandsaufenthalt wird vom Arbeitgeber von vornherein als zeitlich befristet gesehen, mit dem Ziel, dass der Entsandte wieder nach Deutschland zurückkehrt. Zweitens: Die Wieder- oder Weiterbeschäftigung bei dem Arbeitgeber muss gewährleistet sein. Der Arbeitnehmer bleibt also während der Entsendung weiterhin dem deutschen Betrieb angehörig. Die Wieder- oder Weiterbeschäftigung bei diesem Arbeitgeber nach dem Auslandseinsatz muss gewährleistet sein (BSGE 71, 227). Der Auslandsaufenthalt muss von vorneherein, d.h. bereits zu Beginn der Entsendung, zeitlich begrenzt sein. Sofern die Dauer des Aufenthaltes drei Monate nicht überschreitet, bedarf es keiner besonderen vertraglichen Vereinbarung, da ein kurzfristiger Auslandsaufenthalt vom Direktionsrecht des Arbeitgebers gedeckt ist.

Entsendungsvarianten

Es gibt folgende Formen der vom Arbeitgeber veranlassten Auslandstätigkeit, die sich im Wesentlichen nach dem zeitlichen Volumen und der vertraglichen Konstruktion des Aufenthaltes im Ausland richten

- *Dienstreise* (bis 3 Monate) – Das ist die einfachste und häufigste Form der Entsendung. Bei dieser befristeten Auslandstätigkeit wird an Ihrem Vertrag nichts geändert, Sie bleiben nach deutschem Sozialversicherungsrecht versichert. Wichtig ist im allgemeinen jedoch eine Prüfung, ob ein bestimmtes Arbeitsvisum benötigt wird.

- *Delegation oder „Abordnung"* (3 bis 6 Monate und länger) – Der mit dem deutschen Stammhaus bestehende Arbeitsvertrag läuft weiter und wird durch einen Zusatzvertrag ergänzt, der mögliche Rahmenbedingungen regelt (Arbeitsplatz nach der Delegation, steuerliche Behandlung und Sozialversicherungsrecht, Leistungen, die die Gastgesellschaft gewährt, usw.).

- *Kurzfristige Entsendung* (6 bis 12 Monate) – Meist wird der Wohnsitz in Deutschland nicht aufgegeben, und die Familie bleibt zu Hause. Der Arbeitsvertrag läuft weiter und wird durch einen Zusatzvertrag ergänzt. Die Schallgrenze zwischen Delegation und kurzfristiger Entsendung ist die so genannte 183-Tage-Regel. Grund hierfür ist, dass durch einen längeren Auslandsaufenthalt über 183 Tage hinaus eine Steuerpflicht im Gastland ausgelöst wird, die der besonderen Regelung bedarf.

- *Versetzung* (1 bis 5 Jahre) – Bei ruhendem Arbeitsvertrag mit dem deutschen Stammhaus wird ein zeitlich begrenzter Arbeitsvertrag mit einer ausländischen Tochtergesellschaft geschlossen. Wichtig sind hier, wie auch in den anderen Fällen, die steuerlichen und sozialversicherungsrechtlichen Regelungen. Hier kommen meist die firmeninternen Entsendungsrichtlinien zum Einsatz. Wichtig hierbei, dass die Optionen der Verlängerung sowie die Rückkehr geregelt sind, denn wenn das inländische Beschäftigungsverhältnis für ruhend erklärt und nicht aufgelöst und ein eigener Vertrag mit der Tochtergesellschaft geschlossen wird, ist, wenn nicht anders vereinbart, ausländisches Recht anwendbar.

- ○ *Übertritt* (entweder direkt oder nachdem die Höchstdauer der Versetzung erreicht worden ist) – Der Arbeitsvertrag mit der ausländischen Tochter- oder Muttergesellschaft löst den Arbeitsvertrag mit dem deutschen Unternehmen ab. So könnte etwa ein Arbeitnehmer aus einer deutschen GmbH in eine ausländische Aktiengesellschaft wechseln, welche dann das Stammhaus bildet. Hier gelten dann grundsätzlich die gesetzlichen Bestimmungen des jeweiligen Einsatzlandes.

Überlegen Sie genau, welche Variante für Sie günstig und nachhaltig ist. Bei welcher Form sind Sie, die Familie oder der Partner gut abgesichert? Die lokalen gesetzlichen Bestimmungen des Einsatzlandes sollten Sie insbesondere bei Angebot eines lokalen Arbeitsvertrages genau prüfen, um vor unangenehmen Überraschungen geschützt zu sein.

Es gilt, alle Eventualitäten zu bedenken. Uwe G. beispielsweise war mit seiner jungen Familie euphorisch und ohne große Überlegungen nach Delhi gezogen. Im Laufe der Zeit gewöhnte sich die Familie an die indischen Lebensgewohnheiten, gewann neue Freunde und lebte finanziell wesentlich besser als vorher in Deutschland. Der Vertrag wurde um weitere zwei Jahre verlängert. Dann wechselte der Chef der indischen Tochtergesellschaft. Von nun an war alles anders. Der neue Chef hatte andere Vorstellungen. Es kam zu Spannungen, Missverständnissen, persönlichen Anfeindungen und Mobbing. Das Ganze endete mit einer Kündigung. Uwe G. stand plötzlich mit seiner jungen Familie auf der Straße. Was nun? Ist die Kündigung wirksam oder nicht? Ausschlaggebend für die Wirksamkeit der Kündigung ist die arbeitsvertragliche Regelung die Uwe G. mit seinem Unternehmen getroffen hat.

Meistens enthalten Verträge mit Entsandten die Klausel, dass auf das Arbeitsverhältnis deutsches Recht Anwendung findet. Dieses würde dann auch im Falle der Kündigung angewandt.

Wenn im Arbeitsvertrag allerdings nichts geregelt ist, geht es darum, ob das deutsche Betriebsverfassungsgesetz auf den Arbeitnehmer im Ausland ausstrahlt oder nicht. Solche komplexen Fragestellungen tauchen öfter auf, als Sie denken. Um hier eine fundierte Erklärung zu bieten, ist ein Experte vonnöten, der sich mit den Unterschieden von Versetzung und Entsendung sowie deren arbeitsrechtlichen Folgen auskennt. Was bei vielen Entsandten zunächst viel versprechend beginnt, endete sonst in Enttäuschung und Frust. Das muss nicht sein – eine gute Vorbereitung, strukturierte Informationen und Transparenz auf beiden Seiten werden zum Erfolg der Entsendung führen. Und das ist es doch, was alle Beteiligten an dieser Stelle sehen wollen. Es ist daher wichtig, auch für einen ungünstigen Verlauf vorzusorgen und Eventualitäten zu bedenken.

Entsendungsrichtlinien

Basis einer grenzüberschreitenden Fortsetzung der beruflichen Laufbahn und Lebensplanung im Ausland ist ein individuell abgestimmtes Paket von Leistungen. Derartige vertragliche Vereinbarungen nennt man in den jeweiligen Unternehmen in der Regel „Entsenderichtlinie" oder „Policy". Sie bilden das Rahmenwerk, welches alle Leistungen, Empfehlungen und Inhalte rund um die Entsendung regelt.

Als „Entsenderichtlinie" wird jedoch auch die Richtlinie 96/71/EG des Europäischen Parlaments und des Rates über die Entsendung von Arbeitnehmern im Rahmen der Erbringung von Dienstleistungen genannt. Diese beschäftigt sich jedoch im Unterschied zur mit der arbeitsrechtlichen Gleichstellung der in einen Staat entsandten Arneitskräfte mit den dort normal beschäftigten Arbeitnehmern hinsichtlich bestimmter Aspekte der Arbeitsbedingungen, sofern diese im jeweiligen Land Gegenstand von Rechts- und Verwaltungsvorschriften oder von allgemeinverbindlich erklärten Tarifverträgen sind.

Checkliste 1 | Typische Inhalte von Entsendungsrichtlinien sind:

- Zweck der Entsendung, Zielsetzung und Strategien

- Auswahl und Karrieremöglichkeiten (Rekrutierungskriterien für Entsandte, Laufbahnoptionen und Rückkehrbedingungen)

- Vorbereitungsmaßnahmen, Entsendungsgespräch, Sondierungsdienstreise oder Orientierungsreise

- Ärztliche Vorsorgeuntersuchungen für die gesamte Familie, Gesundheitsratschläge für Ausreisende

- Trainings- und Coaching-Angebote wie vorbereitendes Sprachtraining, Kulturvorbereitungsseminare oder Coaching für die Entsandten einschließlich ihrer Partner und Kinder

- Anreizsysteme wie Auslandszulagen, Erschwerniszulagen

- Kompensation der finanziellen Belastungen wie Reise-, Umzugs-, Transportkosten (einschließlich Obergrenzen von m³/ Person und Familie) oder der sogenannte „Elektroausgleich" (Zahlungen für Geräte, die aufgrund anderer Stromverhältnisse ersetzt werden müssen) und Umzugsnebenkosten (Hotel, Mietwagen, Spesen), Kaufkraftausgleich

- Regelungen über die Mitnahme von Haustieren oder Gegenständen (wie Pkw)

- Hilfe bei der Wohnraumbeschaffung, Ausstattungszuschüsse oder -darlehen

- Integrationshilfen vor Ort (Patenschaften zur Unterstützung der Eingewöhnung, Unterstützung der Berufstätigkeit des Partners, Mitgliedschaft von Clubs

- Betreuung während der Entsendung, Informationsaustausch mit dem Stammhaus, Zuständigkeiten, Verantwortungsbereiche

- Vergütungsgestaltung und -modelle, Regelung von Zulagen (Ausgleich für höhere Wohn- und Lebenshaltungskosten, Ausbildungszulagen für die Kinder, Inflationsausgleich, Umgang mit Wechselkursschwankungen etc.), Besteuerung und Auszahlungsmodi des Gehalts

- Hinweise zur sozialen Sicherung im Ausland: Renten-, Kranken-, Unfall-, Arbeitslosenversicherung, betriebliche Altersversorgung

- Urlaubsregelungen, Heimreisen

- Beendigungs-, Kündigungs-, Übertrittsregelungen

- Reentry-Regelungen: Zusicherung von bestimmten Vergütungen und Tätigkeitsbereichen nach der Rückkehr

Eine Vorlage dieser Checkliste zum Ausdruck finden Sie auf der beiliegenden CD.

In Art. 3 (1) der RL 97/71/EG findet sich eine Auflistung der Schutzbereiche, für die auf entsandte Arbeitnehmer das Recht des Bestimmungslandes anzuwenden sind. Dies sind bspw. Höchstarbeitszeiten und Mindestruhezeiten oder bezahlter Mindstjahresurlaub.

Die Transferrichtlinien von Uternehmen sind keine unmittelbaren Bestandteile des Arbeitsvertrages, sondern stellen Transparenz her. Ziel ist die Gleichbehandlung aller Mitarbeiter und die Vorbeugung im Konfliktfall. So kommt das Unternehmen der Fürsorgepflicht nach und minimiert das Haftungsrisiko. Das Regelwerk bildet zwar die Grundlage für den Entsendungsvertrag; für die Wirksamkeit müssen jedoch einzelne Regelungen schriftlich und individuell im Transfervertrag fixiert werden.

Der Umfang der Richtlinien kann gut 50 Seiten betragen, je nachdem, welche Bestandteile wie ausführlich geregelt werden und wie ausführlich die Policy beschrieben ist. Es gibt auf dem deutschen Markt derzeit keine einheitlichen Muster, denn die Richtlinien sind immer auf die Interessen, typischen Entsendungssituationen und Zielländer des Unternehmens zugeschnitten.

Erstaunlicherweise haben aber nicht alle großen Unternehmen ihr Wissen in Richtlinien systematisiert, viele sind nur gering formalisiert, und nicht selten kann es vorkommen, dass man sich selbst behelfen muss.

Für die Entscheidungsfindung sowie die Verhandlungen mit dem Arbeitgeber hinsichtlich der Leistungen im Entsendungsvertrag sollten Sie sich daher auf jeden Fall ausführlich mit den folgenden Fragen auseinandersetzen:

- Welche Vorbereitungsmaßnahmen werden angeboten, und welche halten wir für erforderlich?
- Welche Kosten müssen kompensiert werden? (Reisekosten, Umzugskosten, Umzugsnebenkosten, Ausstattungszuschüsse, Pkw-Beschaffung)
- Welche Unterstützungen bzw. Zulagen benötigen wir,

welche bietet der Arbeitgeber an? (regelmäßige Rückflüge nach Deutschland, Firmenwagen, Auslandsprämie, Unterstützung des Partners, Coaching des Entsandten, Wohnungssuche, Mietübernahme, Schulgeld für die Kinder etc.)

○ In welcher Währung wird das Gehalt bezahlt? Was passiert bei Verlusten durch Kursschwankungen?

○ Welche ist die anzuwendende Steuerpraxis für den Entsendungszeitraum – und was hat das für Auswirkungen?

○ Welche Krankenversicherung wird übernommen bzw., gibt es Rahmenverträge für Auslandskrankenversicherungen?

○ Welche sozialversicherungsrechtliche Absicherung gibt es während der Entsendung?

Auch der Zeitpunkt der Entsendung ist zu beachten. Aufgrund firmeninterner Notwendigkeiten wird Ihnen vielleicht eine unterjährige Entsendung angeboten. Dies bedeutet, dass Ihr Partner mit den Kindern bis zum Ende des Schuljahres in Deutschland bleiben muss. Dann fallen doppelte Mietkosten und mehr Reisekosten an. Alle diese Bedingungen sollten Sie beachten und bei der Verhandlung des Entsendungsvertrages berücksichtigen.

Entsendungsvertrag

Der Arbeitgeber ist laut § 2 Nachweisgesetz (NachwG) verpflichtet, dem Arbeitnehmer einen schriftlichen Arbeitsvertrag unterzeichnet auszuhändigen. Im Arbeitsvertrag müssen die wesentlichen Vertragsbedingungen, wie zum Beispiel Arbeitsort, Arbeitsentgelt, Kündigungsfristen geregelt sein. Bei einer Entsendedauer von über einem Monat müssen neben den wesentlichen Vertragsbedingungen auch die Dauer der Auslandstätigkeit, die Währung, in der das Arbeitsentgelt ausgezahlt wird, mit dem Auslandsaufenthalt verbundenes zusätzliches Entgelt und Sachleistungen sowie die Bedingungen für die Rückkehr des Arbeitnehmers schriftlich geregelt und dem Arbeitnehmer vor seiner Abreise ausgehändigt werden.

Wichtig ist außerdem die Klärung der Frage, ob man den deutschen oder den Vorschriften des Ziellandes zur Sozialversicherung unterliegt. Es ist zu empfehlen, sich vorab über vertragliche Regelungsmöglichkeiten zu informieren. Manche Inhalte liegen auf der Hand, wie z. B. das Gehalt mit seinen unterschiedlichen Bestandteilen; andere, wie steuerrechtliche Regelungen oder Zusatzversicherungen sind im Vorfeld vielleicht weniger offensichtlich.

Vergütungsmodelle

In den Unternehmen werden verschiedene Vergütungsmodelle angewandt, die sich zum Teil erheblich unterscheiden. Folgende Berechnungsformen sind nach Gronewald/Neubeiser verbreitet:

Stammlandorientierte Vergütung:
Basis der Gehaltsberechnung ist das Bruttogrundgehalt, das Sie in einer vergleichbaren Position im Firmenstammland verdienen würden:

	Bruttogrundgehalt (Stammland)
+	fixe Auslandszulage (genereller Mobilitätsanreiz)
+	variable Auslandszulage (Erschwerniszulage)
=	Bruttogehalt im Gastland
–	hypothetische Steuern (Stammland)
=	**Nettoeinkommen (ohne Lebenshaltungskostenzulage)**
+	Differenz Lebenshaltungs-, Wohn-, Ausbildungskosten
=	verfügbares Einkommen im Gastland

Als Entsandter profitieren Sie von diesem Modell, da Sie unabhängig vom Zielland mit allen anderen Entsandten gleich gestellt werden und bei der Rückkehr lediglich die Zulagen entfallen. Im Gastland aber kann es zwischen Ihnen und den lokalen Mitarbeitern aufgrund der Einkommensunterschiede zu erheblichen Konflikten kommen.

Gastlandorientierte Vergütung:
Das Gehalt wird am landesüblichen Niveau ausgerichtet

	Bruttogrundgehalt (Gastland)
+	Anpassungszulage (Erschwerniszulagen)
+	Ausbildungszulage
=	**Bruttogehalt**
–	Steuern (Gastland)
=	verfügbares Einkommen

Dieses Gehaltsmodell erleichtert Ihnen die Integration im Gastland, da die Einkommensunterschiede zu Ihren Kollegen nicht so hoch sind. Wenn Sie jedoch in ein Land gehen, das ein vergleichsweise niedriges Gehaltsniveau hat, werden Sie auch dem dortigen Niveau angepasst.

Higher of-Vergütung:
Auswahl des für den Entsandten günstigsten der beiden vorangegangenen Modelle, wobei dieser in das lokale Vergütungssystem eingegliedert ist und die mögliche Differenz zum Stammland durch eine oft gesplittete Ausgleichszahlung gelöst wird. Hier sind Sie einerseits den Kollegen im Gastland gleichgestellt, zugleich entstehen Ihnen aus Deutschland heraus keine Nachteile, denn im Unterschied zur gastlandbezogenen Berechnung, entstehen Ihnen Vorteile, sollte sich das Gehaltsniveau des Gastlandes von dem in Deutschland unterscheiden.

Nettovergleichsrechnung (Balance Sheet Approach):
Dem Entsandten sollen weder Vor- noch Nachteile entstehen, daher werden Zulagen für die Auslandsentsendung mit Abzügen verrechnet, wenn es im Entsendungsland niedrigere Lebenshaltungskosten oder andere Vorteile geben sollte.

    Bruttogrundgehalt (Stammland)
 − Steuern im Stammland
 − Sozialabgaben und Wohnkosten im Stammland

 = **verfügbares Nettoeinkommen im Stammland**
 + fixe und variable Auslandszulagen
    (als Mobilitätsanreiz und Erschwerniszulage)
 ± Differenz Lebenshaltungskosten
 + Wohnungskosten
 ± Ausbildungskosten

 = **verfügbares Nettoeinkommen im Gastland**
 + Steuern und Sozialabgaben im Gastland

 = **Bruttogehalt im Gastland**

Der Trend geht dahin, dass vermehrt gastlandorientierte Überlegungen in die Entgeltfindung einbezogen werden. Sie können jedoch variable Vergütungsbestandteile und Zulagen leistungs-, ergebnis- oder zielkulturabhängig verhandeln. Dazu gehören allgemeine und variable Auslandszulagen als Mobilitätsanreize und Kompensationszahlungen wie Lebenshaltungskostenzulagen, Ausgleichszahlungen für inflationäre Entwicklungen oder Kursschwankungen, höhere Wohn- oder Ausbildungskosten für die Kinder (Aufnahmegebühren, Schulgeld, Transport etc.). Sie sollten prüfen, ob das in Ihrer Organisation angewandte Modell Ihnen zusagt und gegebenenfalls um weitere Pakete von Leistungen verhandeln.

Erfahrungswerte

So attraktiv es oft klingt, aber eine firmeninterne Entsendung ist kein Rundum-Sorglos-Paket. Einige typische Erfahrungen belegen es. Deutsche Auslandsmitarbeiter klagen oft über fehlende Vorbereitung. Dabei werden nur selten schlechte Vertragskonditionen bemängelt. Vielmehr ist es die fachliche und kulturelle Vorbereitung, die 74 Prozent von 500 deutschen Auslandsmitarbeitern in 59 Ländern nicht bekommen haben, hat Günther Stahl von der Universität Bayreuth nachgewiesen. Die Familie wird zu wenig berücksichtigt, und die Rückkehrgestaltung des Unternehmens wird kritisiert.

Auch die Belastung vor Ort ist nicht zu unterschätzen. Von den meisten Entsandten werden Höchstleistungen erwartet: Sie sollen sich schnell einleben, direkt Veränderungen einleiten und Ergebnisse erzielen. Eine internationale Entsendung ist daher nach wie vor ein Wagnis, für den Entsandten und die Partner bzw. Familie. Wer die Herausforderung jedoch mit so viel Risikofreude und so viel Strategie wie nötig annimmt, kann den Auslandsaufenthalt optimal nutzen.

Außerdem sollte man sich jetzt schon überlegen, wie es nach der Ausreise voraussichtlich weitergehen wird. Manche Firmen verfolgen den „Global Traveller-Ansatz". Sie raten den Entsandten, alle Brücken abzubrechen und die Existenz zu verlagern, bieten im Verlauf der Entsendung lokale Verträge oder Vertragsverlängerungen an, und die Entsandten ziehen von einer Station zur nächsten. Andere Unternehmen raten ihren Mitarbeitern, einen Anker in der Heimatkultur zu belassen, die Wohnung oder das Haus zu behalten und in enger Verbindung zu bleiben. Bei aller Pragmatik ist zu bedenken: Die Entsandten erhalten keine Garantien, wie es für sie nach der Rückkehr weitergehen wird. Als Faustregel für einen förderlichen Auslandsaufenthalt gilt ein Zeitraum von zwei bis maximal fünf Jahren. Für Fachkräfte ist die optimale Dauer von zwei bis fünf Jahren, für Führungskräfte sind es drei bis fünf Jahre. Erfahrungen zeigen, wer mehr als fünf Jahre im Ausland bleibt, kehrt oder findet schwer zurück. Entweder man bleibt dann oder wechselt in ein anderes Land.

Beachten Sie auch, inwieweit die Angehörigen mit einbezogen werden. Mit ihrer Zufriedenheit – das belegen Studien und Erfahrungen seit Jahren – steht und fällt die Auslandsmission. Wird nur der Entsandte selbst mit Sprachkursen in Englisch und der Landessprache bedacht oder auch die Partner? Welche unterstützenden Dienstleistungen wie interkulturelle Trainings für die ganze Familie o. Ä. bietet das Unternehmen sonst noch an?

Was die ausreisewilligen Angestellten selbst angeht, so müssen wir aus Erfahrung sagen, dass die meisten zu stark auf monetäre Anreize achten, anstatt sich das Gesamtpaket anzusehen. Wenn die Firmen Alternativen und die Wahl anbieten, entweder eine Summe Geld oder Leistungen (z. B. Coachings, Trainings etc.) in Anspruch zu nehmen, sind viele Familien geneigt, sich von den Geldbeträgen verlocken zu lassen und die aus Erfahrung abgeleiteten Begleitmaßnahmen nicht zu nutzen. Auch müssen wir feststellen, dass die Partner häufig nicht am angebotenen Entsendungsgespräch teilnehmen, wo viele vorbereitende Fragen geklärt werden könnten.

In organisatorischer Zeitnot oder weil sie die Komplexität der Situation unterschätzen, sparen Unternehmen wie Personen oft am falschen Ende. Sollte Ihnen Ihr Unternehmen, was immer häufiger der Fall ist, die Alternative zwischen einem Geldbetrag oder diversen unterstützenden Dienstleistungsangeboten offerieren, bedenken Sie, dass die Zusammenstellung der Services auf Erfahrungen beruhen und ihre Nutzung Ihnen viel Ärger ersparen kann.

Es gilt, eine Reihe Überlegungen anzustellen und Alternativen zu bedenken:

- Welche Entsendungsvariante ist zum jetzigen Zeitpunkt für Sie persönlich sinnvoll?
- Was sind die Vor- und Nachteile jeder Variante für die eigene Karriere?
- Sollen und können Partner und Kinder mitgehen?
- Ist die mögliche Zielkultur für alle attraktiv?
- Wie sind die beruflichen Chancen für den gegebenenfalls mitreisenden Partner?
- Wie passt die Entsendung, die Zielkultur und dortige Tätigkeit in die jeweiligen Karrierepläne und den gesamten Lebensplan der Beteiligten?
- Welche Infrastruktur hat der Zielort? Muss man eine spezielle Gesundheitsvorsorge treffen?
- Welchen Effekt haben Zeitpunkt, Ort und Dauer auf die Kinder?
- Wie werden wir auf den Auslandsaufenthalt vorbereitet?
- Wie können Arbeitsplatz und Lebensgestaltung nach der Rückkehr aussehen? Wie sind die Rückkehrmodalitäten des Unternehmens?
- Wie wichtig ist das Entsendungsland für das Unternehmen?
- Was ist, wenn alles anders kommt als geplant (wenn z. B. die Entsendung verlängert wird oder noch vor der Rückkehr ein neues Angebot für eine weitere Entsendung unterbreitet wird)?

Wir wollen nicht warnen, sondern ermutigen. Wenn Sie alle Überlegungen – auch die unangenehmen – angestellt haben, können Sie beruhigt und mit größeren Erfolgsaussichten Ihren Traum vom Ausland mit Unterstützung des Arbeitgebers verwirklichen.

 **Infoseiten für Entsandte**

Expatriates: *www.germanexpats.com*

Expat Blog (weltweit): *www.expat-blog.com*

Übersicht über viele Expatseiten: *www.transitionsabroad.com listings/living/resources/expatriatewebsites.html*

Die Deutsche Welle bietet neben Radio auch News zum Lesen an: *www.dw-world.de*

Länderinformationen sowie andere Ressourcen für Expats findet man unter: *www.livingabroad.com*

Individuelle Homepage der Expertin und Autorin Robin Pascoe mit Erfahrungen und Tipps: *www.expatexpert.com*

Europäische Relocationverband / Dienstleistungen rund um den Umzug: *www.eura-relocation.com*

Anbieter für Dual Career Coaching: *www.netexpat.com*

Mutter mit vierjähriger Tochter bereitet sich auf Indien vor

Svenja Falk, Leiterin der Research-Abteilung einer Unternehmensberatung in Deutschland, Österreich und der Schweiz wird in wenigen Wochen beginnen, vor Ort eine Abteilung für die strategische Einheit des Unternehmens „Growth & Strategy" in Bangalore, Indien aufzubauen. Sie wird die Dynamiken dieses rasant wachsenden Marktes untersuchen und wichtige strategische Meilensteine sowohl für ihre Firma intern als auch für externe Kunden setzen. Gemeinsam mit ihrer vierjährigen Tochter wird sie für circa ein Jahr nach Indien gehen.

Schon als Jugendliche, als sie Hermann Hesse las und später als Stewardess, entwickelte sie eine Leidenschaft für Indien und kann jetzt durch ihren Arbeitgeber ihren Traum verwirklichen. Und dennoch war das alles nicht so geplant. Die gute Nachricht bekam sie vor zwei Monaten von ihrem Chef – nun steckt sie in den letzten Vorbereitungen. Zweimal ist sie schon hingeflogen, hat Mitarbeiter für die aufzubauende Abteilung eingestellt, Wohnungen und Kindergärten angeschaut – alle vom Relocationservice vorausgewählt. Dabei hat sie einen großen Koffer voll Sommerkleidung da gelassen. Die Wohnung in Indien übernimmt sie von einer amerikanischen Kollegin – eine praktische Lösung.

Frauen in Führungspositionen sind in Indien keine Seltenheit und weniger problematisch als man vermutet. Denn entscheidend ist weniger das Geschlecht als vielmehr der Status. Svenja Falk wird dort eine hohe Position innerhalb des Konzerns innehaben und weiß, dass die Tatsache, eine Frau zu sein, so gut wie keine Rolle spielt. Bei ihren kurzen Aufenthalten besuchte sie den internationalen Frauenclub vor Ort und stellte fest, dass sich dort vornehmlich die mitgereisten Ehefrauen treffen – sie als Geschäftsfrau ist dort immer noch eine Ausnahme.

Als sie ihrer Tochter erzählte, dass sie beide in ein fernes Land gehen würden, wo es immer Sommer wäre, war diese nicht wirklich begeistert. Sie wolle nicht dahin, war zunächst die kategorische Aussage. Nach ein paar Tagen bekam das Mädchen ein Bilderbuch über andere Kulturen in Englisch, glitzernde Flip Flops von der ersten Indienreise und ein Bild des Kindergartens, in den sie – zu den gleichen Zeiten wie in Deutschland – gehen wird. Langsam steigt nun auch bei ihr die Vorfreude, obwohl ihrer Mutter durchaus bewusst ist, dass es bei der Eingewöhnung sicherlich eine emotionale Berg- und Talfahrt geben wird.

Svenja Falk freut sich sehr auf Indien – sie sieht es als Riesenchance, an der ökonomischen und kulturellen Entwicklung eines Landes teilzuhaben und diese in einem bestimmten Bereich sogar mitgestalten zu können. In Deutschland sei vielfach der Glaube an die Zukunft verloren gegangen, während in Indien Aufbruchsstimmung und Energie an jeder Ecke spürbar sei. Neben der Vorfreude denkt sie aber auch schon ganz konkret an die Rückkehr. Sie hat mit ihrem Chef vereinbart, dass sie erst einmal für ein Jahr dort bleibt und nach spätestens einem halben Jahr eine Zwischenbilanz zieht. Sie will alle drei Monate nach Deutschland fliegen, um Kontakt zu ihrer ehemaligen Abteilung zu halten, für die sie nach wie vor Projekte in Teilen übernimmt. Außerdem will sie dafür sorgen, dass weder private noch berufliche Brücken abbrechen. Denn das, so sagen ihre Kolleginnen, die gerade zurückkamen, sei das Wichtigste, um sich nachher auch in der Heimat wieder schnell zu Hause fühlen zu können.

 Tipps von Svenja Falk

Binden Sie die Entscheider in Ihre Wünsche, Ziele und Pläne ein: Wenn Entscheider in ihrem Unternehmen Ihre Bereitschaft, ins Ausland zu gehen, nicht kennen, werden Sie wahrscheinlich auch nicht gefragt. Das gilt in besonderem Maße für mich als alleinerziehende Mutter.

Nutzen Sie Dienstleister, welche die Umsiedelung und den Umzug bewältigen helfen (Relocation Service): In Sachen Schule, Kindergarten oder Wohnung empfehle ich die Zusammenarbeit mit solchen Dienstleistern. Sie kennen sich vor Ort aus, können ihre Bedürfnisse und Vorstellungen richtig interpretieren und sparen viel Zeit und Nerven. Die Investition lohnt sich.

Bereiten Sie Ihre Rückkehr vor: Halten Sie vor Ort Kontakt zu ihrem beruflichen und privaten Umfeld. Laden Sie Ihre Freunde ein und halten Sie Kontakt per Mail oder Telefon. Machen Sie z. B. einen monatlichen Newsletter, den Sie mit Fotos schmücken und kurz über ihren Alltag berichten.

Angehöriger – Als mitreisender Partner ins Ausland

Hat Ihr Partner eine Arbeitsstelle im Ausland in Aussicht und Sie überlegen, mitzugehen? Die gemeinsame Existenz ist vielleicht erst einmal gesichert, aber was wird aus Ihrer beruflichen Laufbahn und Lebensplanung? Haben Sie gewusst, dass der Erfolg des gesamten Projekts im Wesentlichen von der Zufriedenheit der mitreisenden Partner abhängt? Das sind Gründe genug, um systematisch über die Fortsetzung des eigenen beruflichen Werdeganges und die Integration einer Auslandserfahrung in Ihren Lebensplan nachzudenken.

Die meisten Auslandsentsandten sind verheiratet, vier Fünftel der Ehepartner begleiten die Auslandsentsendung, und etwa die Hälfte der Entsandten nimmt Kinder mit. Für viele mitreisende Partner stellt sich daher die Frage, wie es für sie im Ausland beruflich und persönlich weitergeht. Seit Jahren belegen unterschiedlichste Studien, dass der Erfolg einer Entsendung in hohem Maße davon abhängt, ob auch die mitgehenden Partner sich wohlfühlen. Denn neben anderen Herausforderungen – wie kulturellen Anpassungsproblemen – geben, mit weitem Vorsprung von fast 70 Prozent aller Befragten, familiäre Gründe als Anlass für eine frühzeitigere Rückkehr aus der Entsendung ins Ausland an. Im Zuge zunehmend kürzer werdender Auslandsaufenthalte gehen daher schon fast ein Fünftel der Entsandten ohne ihre Partner und fast die Hälfte ohne Kinder auf ihre Mission.

Doch die Trennung von Partner und Kindern ist keine Dauerlösung. Vielmehr gilt es, für die mit ausreisenden Partner ebenfalls eine zufriedenstellende Beschäftigung zu finden. Wenn die Partnerin oder der Partner nicht arbeitet, besteht die Gefahr, dass eine Kluft zwischen den Eheleuten entsteht. Während der berufstätige Partner in herausfordernde Tätigkeiten eingebunden ist und automatisch Kontakte zu Kollegen und Kunden und berufliche Anerkennung erhält, erleben sich die Partner alleine vor einem Berg von ungewohnten Alltagserledigungen, für die es noch keine Routinen gibt. Unzufriedenheit, Spannungen und Konflikte können entstehen und Partnerschaft bzw. Familie belasten.

Die Aussichten für die Fortsetzung der Berufslaufbahn im Ausland scheinen für mitreisende Partner zunächst nicht rosig zu sein: Laut einer aktuellen Studie über Entsendungen von Arbeitnehmern weltweit (GMAC 2006) waren 60 Prozent der mitreisenden Partner vor der Entsendung in einer Anstellung, aber nur 21 Prozent konnten ihren Beruf während der Entsendung fortsetzen. Beruflich ausgebremst, befinden sie sich auf einmal in einer fremden Umgebung, ohne soziales Netz und fühlen sich isoliert. Zwar haben auch die Entsandten auf der Arbeit mit ungewohnten Verhaltensweisen und Organisationsprinzipien zu kämpfen, doch zumindest sind sie nahtlos in eine Aufgabe gewechselt und mussten ihre berufliche Identität nicht aufgeben. Die gezielte Doppelkarriere oder Integrationsplanung für beide Partner ist daher ausschlaggebend für den Erfolg einer Entsendung. Dies gilt insbesondere vor dem Hintergrund, dass schon mehr als 20 Prozent der Entsandten Frauen sind und ihre männlichen Partner ungern auf die Fortsetzung ihrer Berufslaufbahn verzichten.

Überlegen Sie sich, welche Variante der Integration für Sie infrage kommt. Grundsätzlich gibt es folgende Möglichkeiten:

- Fortsetzung und Ausbau der eigenen Karriere mit klaren Zielvorstellungen und hohem Maßstab – nach dem Motto: Ich möchte den Auslandsaufenthalt ebenso wie mein Partner als Karrieresprung nutzen und suche die für meine langfristigen Ziele passende Option als Zwischenschritt.
- Einer Beschäftigung nachgehen, die anregend ist und nahe bei den eigenen Qualifikationen liegt, indem durch übertragbare Fähigkeiten neue Betätigungsfelder gesucht werden. Motto: Ich bin flexibel und bereit, auch ungewöhnliche Wege zu gehen.
- Den Auslandsaufenthalt nutzen, um sich weiterzuqualifizieren (z. B. indem ein Studium aufgenommen, eine Fortbildung gemacht oder eine neue Ausbildung begonnen wird). Motto: Man lernt nie aus, und das macht sich gut im Lebenslauf. Ich nutze die Chance für Veränderungen.
- Jegliche Art der eigenen Qualifikation (z. B. durch Deutsch oder Englisch als Muttersprache) nutzen oder die Maßstäbe verändern, um irgendeiner Beschäftigung nachzugehen, die Geld und Anerkennung oder Befriedigung bringt. Motto: Hauptsache raus aus dem Haus und einer Arbeit nachgehen.
- Eine ehrenamtliche Tätigkeit aufnehmen, die Vernetzung, Anerkennung und Anregungen bietet und damit zur Integration beiträgt, jedoch weder Gehalt bringt noch die Karriere befördert. Motto: Man kann überall Gutes tun und dabei interessante Menschen kennenlernen.
- Eine eigene Geschäftsidee ausbauen. Motto: Ich bringe etwas mit, was der Markt hier (noch) nicht kennt.

Wenn Sie eine Arbeit aufnehmen möchten, gibt es zunächst einige Hürden zu überwinden. Vorausgesetzt, Sie erhalten überhaupt eine Arbeitserlaubnis, müssen Sie sich folgenden Veränderungen stellen:

- Der Markt für die bisher ausgeübte Tätigkeit ist ein anderer oder am Zielort schlicht nicht vorhanden.
- Die Qualifikationsvoraussetzungen oder -anforderungen für den erlernten Beruf sind verschieden.
- Die Anerkennung der vorhandenen Qualifikationen ist nicht notwendig gegeben.

- Sprachkenntnisse sind Voraussetzung, um auf dem lokalen Arbeitsmarkt überhaupt eine Chance zu haben.
- Der Zugang zum Arbeitsmarkt ist anders (geht z. B. nur über Kontakte, über die man gerade im Ausland nicht verfügt).
- Bewerbungsstrategien und Selbstpräsentationsweisen unterscheiden sich.
- Einheimische werden aus unterschiedlichen Gründen bevorzugt oder müssen laut Gesetz bevorzugt werden.
- Es wird nur unter bestimmten Bedingungen eine Arbeitserlaubnis erteilt (z. B. nur dann, wenn nachgewiesen werden kann, dass kein Einheimischer den Job machen kann).
- Gehalt und Aufstiegsmöglichkeiten unterscheiden sich.
- Man ist aufgrund der Kinderbetreuung auf bestimmte Zeitmodelle angewiesen.
- Man steht aufgrund der Entsendungssituation den Arbeitgebern nur befristet zur Verfügung, was die Einstellungschancen verringern kann.

Unternehmen, die Mitarbeiter entsenden, können es sich kaum leisten, dass eine Mission misslingt. Leicht kostet eine vorzeitige Rückkehr das Vielfache eines Jahresgehaltes eines Entsandten. Kein Wunder, dass Firmen viel dafür tun, dieses Risiko gering zu halten. Vorbereitungspakete wie Sprachkurse und interkulturelle Trainings sowie organisatorische Unterstützung durch Relocation-Dienstleister sind bereits weit verbreitet. Es gehört zwar noch nicht zum Standard, aber zunehmend arbeiten Unternehmen auch mit auf „Dual Career Couples" (also Partnerschaften, bei denen beide Partner ihre Karriere im Ausland fortsetzen möchten) spezialisierten Coaching-Agenturen zusammen. Diese haben in den jeweiligen Märkten freiberufliche HR-Spezialisten platziert, welche die Arbeitsplatzsuche für die mitreisenden Partner unterstützen. Sie helfen bei der Jobsuche und der Beschaffung der Arbeitsgenehmigung. Weitere Dienstleistungen sind Integrationsprogramme, wenn eine Arbeitserlaubnis rechtlich nicht möglich ist oder Unterstützungen für die Aufnahme einer selbstständigen Tätigkeit in der Zielkultur. Wenn es nötig ist, stellen die Dienstleister auch die zur Bewerbung nötige technologische Infrastruktur bereit, wie Zugang zu einem Computer, zum

Internet und verschaffen Kontakte in der Stadt. Denn: Für die mitgehenden Partner ohne Job gibt es eine Reihe von Hürden zu meistern, um in eine Beschäftigung zu gelangen bzw. die berufliche Karriere fortzusetzen.

Optimalerweise werden die Personen schon vor der Ausreise von einem Coach in Deutschland vorbereitet und dann an den Coach in der Zielkultur weitergeleitet. Gemeinsam erarbeitet man Zielvorstellungen, Bewerbungsstrategie und Alternativpläne und passt die Bewerbungsunterlagen den lokalen Konventionen an.

Das können Sie tun:

- Vielleicht werden nur die Mitarbeiter, die entsandt werden, betreut und sprachlich – mit etwas Glück auch interkulturell – vorbereitet. Bestehen Sie als Partner darauf, mit der ganzen Familie in diese Vorbereitungen einbezogen zu werden. Schließlich ist es für Sie und die Kinder genauso wichtig, Kultur und Sprache des Gastlandes zu beherrschen.
- Fragen Sie in der HR-Abteilung des Unternehmens nach Betreuungs- und Unterstützungsangeboten durch Coaching für die Fortsetzung der eigenen beruflichen Laufbahn. Nur in den wenigsten Verträgen ist dies mitfestgelegt – eine solche Regelung kann jedoch durchaus ein Bestandteil der Entsendungsrichtlinien sein.
- Erkundigen Sie sich nach den rechtlichen Gegebenheiten im Zielland, die Arbeitsgenehmigungsbedingungen verändern sich ständig.
- Erkundigen Sie sich im Vorfeld nach Ihren Chancen auf dem Arbeitsmarkt, Verdienststrukturen und den Bewerbungsanforderungen.
- Stellen Sie die vorhandenen Papiere und Softwareversionen Ihrer Bewerbungsunterlagen zusammen und erstellen Sie Kopien und Sicherheitskopien.
- Ergänzen Sie die Unterlagen durch gegebenenfalls fehlende Zeugnisse und Bescheinigungen.
- Lassen Sie Qualifikationsurkunden, Diplome etc. in die Landessprache übersetzen und beglaubigen.

- ○ Sorgen Sie nach der Umsiedelung für mindestens mehrere Wochen Zeit zum gemeinsamen Eingewöhnen bevor Sie mit der Jobsuche beginnen.
- ○ Knüpfen Sie in dieser Zeit so viele Kontakte wie möglich und erzählen Sie von Ihrer Qualifikation und Ihren beruflichen Zielen.
- ○ Erkundigen Sie sich bei Freunden, Arbeitskollegen, Bekannten oder ehemaligen Entsandten, ob Sie Ihnen Kontakte vor Ort vermitteln können. Beziehungen und eine Anlaufstelle vor Ort sind Gold wert und geben Sicherheit.

Oft hat man vor der Abreise alles andere im Kopf, als Papiere zu sortieren und noch mehr Informationen einzuholen. Doch die Erfahrung zeigt, dass es den meisten Partnern nach wenigen Wochen im Zielland und nach der Bewältigung der kritischen ersten Phase nicht schnell genug gehen kann mit der Aufnahme einer Beschäftigung. Wenn Sie einige Vorbereitungen treffen, können Sie sofort richtig loslegen.

Familie Quicken, beide Anfang 30, 2 Kinder (7 und 4 Jahre alt), das dritte Kind wird bald geboren

„Uns war immer klar, dass wir temporär mal weggehen würden."
Familie Quicken wohnt seit Juli 2004 unweit von Boston. Sie war schon immer gerne unterwegs, insbesondere hat es sie nach Südostasien gezogen. Singapur oder Hongkong wären ihre Zielorte gewesen. Aber als Herr Quicken technischer Trainer bei einer IT- Firma im Scherz zu seiner Chefin in den USA sagte, er würde kommen, wenn sie eine Stelle hätte, bot sie ihm diese wenige Minuten später an. Er akzeptierte und das sogar mit einem lokalen Arbeitsvertrag: „Ich bin praktisch ausgewandert." Den Kindern haben sie es so früh wie möglich mitgeteilt, dass sie wegziehen würden und ihnen einige Besonderheiten angekündigt, wie einen eigenen Spielplatz, den nahen Strand oder Reitstunden. Die Vorbereitungszeit von vier Monaten empfanden sie als sehr knapp. Neben der Organisation des Umzugs und des Hauskaufs waren allein die Beantragung der Visa und die Besuche auf dem Konsulat in Frankfurt sehr aufwendig: „Die nehmen einen richtig auseinander und prüfen sogar bis in die Großelternfamilien hinein die polizeilichen Führungszeugnisse."

„Das Haus haben wir online gekauft, ohne es vorher gesehen zu haben."
Für einen Look-and-See-Trip hatten sie keine Zeit mehr. Herr Quicken hat sich auf seinen Geschäftsreisen in die USA umgeschaut, und sie haben Kriterien für den Wohnort definiert: Sie wollten sich ein Haus leisten, in einer Gegend mit niedriger Kriminalitätsrate und dem passenden Schulsystem, nahe am Flughafen und zur Arbeit in der Stadt. Den Haushalt haben sie mitgenommen und sich entschlossen, ein älteres Haus zu kaufen und es zu renovieren, um es später mit Gewinn wieder zu verkaufen. Das soll dann der Grundstock für Eigentum nach der Rückkehr in Deutschland sein.

Die Finanzen muss man in den USA sehr genau im Auge haben. Schnell können Kosten entstehen mit denen man nicht gerechnet hat. Wer freie Arztwahl gewohnt ist, muss sich eine entsprechende Krankenkasse leisten, die diesen Service auch anbietet. Die Ausbildung der Kinder ist teuer. Es hätte zwei Möglichkeiten gegeben, die Kinder auf deutsche Schulen zu schicken. Doch 2000 USD pro Monat und Kind waren nicht finanzierbar, also gehen die Kinder auf amerikanische Schulen. Ihre Integration verlief problemlos. Die Sprache lernten sie spielerisch. Schon nach den vielzitierten drei Monaten konnten die Kinder fließend Englisch sprechen.

„Es hat sehr lange gedauert, bis wir uns teilheimisch gefühlt haben."

Schwerer mit der Integration hatte es die Ehefrau. Vorher voll eingebunden als Kontaktlinsenspezialistin bei einer Optiker-kette wurde sie plötzlich ausgebremst und war 24 Stunden lang hauptberuflich Mutter. Ausgerechnet im ersten Jahr war ihr Mann von montags bis freitags beruflich unterwegs. Sie war alleine in einem renovierungsbedürftigen Haus aus der Jahrhundertwende, mit über 700 qm Grundfläche, Garten, zwei Kindern und einer Katze. Sie hatte viel Heimweh, und es gab reichlich Konflikte. „Wir waren geistig nicht hier", es fehlte das soziale Umfeld, die Familie, die Freunde. Die Zahl der Freunde ist auch zurückgegangen, manche verweigerten einen Besuch, weil sie der amerikanischen Regierung kritisch gegenüberstanden. Im Sommer 2005 und Frühjahr 2006 kam Frau Quicken daher mit den Kindern für einige Monate nach Deutschland, um wieder in ihrem alten Beruf zu arbeiten. So hat es schließlich zwei Jahre gedauert, bis sie sich in den USA wohler gefühlt haben.

„Man vergleicht nur."

Es gab so viele Dinge, die ungewohnt waren. Angefangen von den elektrischen Freileitungen, den Stromausfällen zwei bis dreimal im Jahr bis hin zu den Distanzen, die unterschätzt werden, mussten sich die Quickens an vieles gewöhnen. Immer noch nervt sie, dass man nicht einmal wenige Minuten laufen kann, ohne dass fünf Autos anhalten und man gefragt wird, ob Hilfe gebraucht werde. Immer noch ist es den Kindern peinlich, wenn die Eltern sie mit dem Fahrrad von der Schule abholen, „man fährt einfach kein Fahrrad." Die bürokratischen Regeln, von der Führerscheingültigkeit bis zu Baugenehmigungen, sind lokal sehr verschieden und sehr strikt. „Am Anfang habe ich mich an allem hier gestört; erst vor wenigen Monaten ist der Knoten geplatzt"

„Hier herrscht eine Kinderfreundlichkeit, die wir nicht kannten."
Nun sehen sie auch die vielen positiven Seiten. Der Nachbarschaftszusammenhalt ist – selbst in einem Vorort mit 60.000 Einwohnern – deutlich höher. Schon am ersten Tag kamen die Kinder mit einem vom Nachbarn spendierten Eis nach Hause. Inzwischen arbeitet Frau Quicken als Managerin in einem gehobenen Einrichtungshaus. Sie ist beeindruckt, wie schnell man monetär, ideell und mit Aufstiegsmöglichkeiten belohnt wird, wenn man „gut arbeitet". Am meisten beeindruckt das Ehepaar jedoch die Kinderfreundlichkeit. Als Mutter kommt man in den Genuss von „mother hours", d. h. man erhält automatisch die Arbeitszeiten, die während der Schulzeit der Kinder liegen. „Leute mit Kindern werden bevorzugt." Die Kinder haben mehr Freiräume, selbst Markenkleidung kostet nur ein Viertel des Preises wie in Deutschland, in den Restaurants erhalten die Kinder sofort Mal- und Spielsachen und können zwischen verschiedenen günstigen Kindermenüs wählen. Auch für die Eltern ist die Organisation rund um Kinder und Familie eine Erleichterung. Dem Fitnesscenter ist eine Kindertagesstätte angegliedert, wo die Kinder – während die Eltern trainieren – betreut werden oder selbst Kurse verschiedenster Art machen können.

Eigentlich wollte Familie Quicken nur zwei bis drei Jahre bleiben, aber jetzt haben sie sich entschlossen, den Aufenthalt zu verlängern. Zur Zeit sehen sie für ihre Kinder die besten Chancen in den USA, und sie fühlen sich wohler hier als zuvor.

Tipps der Familie Quicken

Gut vorbereiten: Vom Containerpreis bis zur Hauswahl, es gibt so viele Dinge zu bedenken, dass man nicht früh genug anfangen kann. Ein Punkt ist z. B. vermeidbare Anschaffungen wie elektrische Geräte, die man nicht mitnehmen kann, weil sie entweder trotz Konverter nicht funktionieren oder die Umstellung teurer kommt, als alles vor Ort neu zu kaufen. Auch genaue Preisvergleiche empfehlen sich, denn manchmal kommen die Firmen trotz vorheriger Zusage nicht für bestimmte Posten auf, und man bleibt auf Containerkosten von Tausenden von Euro sitzen.

Arbeitsmöglichkeiten schaffen: Wenn die Frau bzw. der Ehepartner vorher gearbeitet hat, dann muss sie auch weiterarbeiten, sonst gibt es nur Konflikte.

Lokale Reglements vorher genau prüfen: „Wenn man sich einen Punkt auf der Landkarte aussucht, wo man hin möchte, sollte man sich sehr genau die lokalen Regeln anschauen, sonst kann man ziemlich auf die Nase fallen. In den USA gibt es an jedem Ort genaue Vorschriften, selbst was man im eigenen Haus an den Wänden verändert, muss z. B. vorher genehmigt werden.

Auf Unerwartetes gefasst sein: Man muss sich auch mit ungewohnten Hausbewohnern wie Termiten, Eichhörnchen (so groß wie kleine Katzen) und Waschbären vertraut machen. Der „putzige" Eindruck verfliegt schnell, wenn erst mal der Baum im Vorgarten auf das Nachbarhaus zu fallen droht und für viel Geld ein Fachmann den Baum fällen muss.

Ehrlichkeit gegenüber sich selbst und dem Partner: Sich selbst Heimweh und den Schmerz über das Zurücklassen von geliebten Menschen und Dingen eingestehen.

Die Variante nicht außer Acht lassen, dass ein Partner vorausgeht, alles vorbereitet und der Rest der Familie dann nachkommt.

Arbeitssuchend –
Jobsuche und Existenzgründung im Ausland

Würden Sie einfach gerne einmal eine Weile im Ausland leben und arbeiten, ohne eine Stelle in Aussicht zu haben? Für alle diejenigen, die in Deutschland keinen Arbeitsplatz haben, ist der Auslandsaufenthalt auch eine existenzielle Angelegenheit. Wie können wir unseren Lebensunterhalt sichern, ist die Frage von Personen, die auf Jobsuche ins Ausland gehen. Und für immer mehr Deutsche ist die Arbeit im Ausland eine ernsthafte Alternative zu den Perspektiven im hiesigen Markt, zumal deutsche Fachkräfte im Ausland gefragt sind. Gute Chancen haben z. B. Handwerker und Facharbeiter, aber auch Ingenieure und IT-Fachleute. Mediziner und Psychologen sind vor allem in der Schweiz und in Skandinavien gefragt. Australien sucht derzeit Ingenieure, Ärzte, Apotheker, Buchhalter und Friseure.

Es gilt jedoch auch für das Ausland: Die besten Berufschancen haben hochqualifizierte Fachkräfte zwischen 25 und 40 Jahren. Bewerbungshindernisse in Deutschland sind nicht selten auch Bewerbungshindernisse im Ausland. Wer selbständig einen Arbeitsplatz suchen möchte, muss auch bedenken, dass man in den Ländern außerhalb der EU nicht ohne Weiteres bezahlt arbeiten darf. Neben einem Visum ist auch eine Arbeitserlaubnis zu beantragen, was häufig aneinandergekoppelt ist. In den EU-Ländern ist die Arbeitssuche allerdings kein Problem. Man darf als Arbeitsloser drei Monate lang unter Bezug des Arbeitslosengeldes im EU-/EWR-Ausland Arbeit suchen. Diese Regelung gilt auch für die zukünftigen Beitrittsländer. Voraussetzung dafür ist, dass man sich mindestens vier Wochen nach dem Beginn der Arbeitslosigkeit in Deutschland einen Arbeitsplatz gesucht hat. Dafür muss man bei der jeweils zuständigen Arbeitsagentur eine Beratung in Anspruch nehmen und den Antrag auf das Formular E 303 stellen. Dies ist ein im EWR-Raum standardisiertes Formular, das im Zielland zumeist innerhalb von einer Woche nach Ankunft wieder vorgelegt werden muss. Das im Anschluss daran beantragte Arbeitslosengeld wird in gleicher Höhe wie in Deutschland im Gastland ausgezahlt. In vielen europäischen Ländern gibt es zwei Ämter für Arbeitsvermittlung und Zahlung von Unterstützung. Daher muss man auch bei beiden Ämtern vorsprechen. Vor

Ort erfährt man dann, wann und wie oft man sich bei der Arbeitsvermittlung melden muss, um als verfügbar zu gelten. Arbeitslosengeld erhält man also nur, wenn man sich entsprechend der Gepflogenheiten des Gastlandes regelmäßig meldet.

Ebenso wichtig innerhalb der EU ist das Formular E104 für Krankheit und Mutterschutzgeld, solange man in Deutschland sozialversichert ist, z. B. während der Arbeitslosigkeit. Wer von der Familie begleitet wird, hat als Familie Anspruch auf die gleichen Leistungen wie die Staatsangehörigen des jeweiligen Landes. Die formalen und rechtlichen Voraussetzungen des Anspruchs auf Arbeitslosengeld sollte man im Einzelfall mit der zuständigen Arbeitsagentur abgleichen.

Wer im Ausland keinen Arbeitsplatz findet und nicht aus eigener Kraft nachweislich den Lebensunterhalt aufbringen kann, muss spätestens nach sechs Monaten nach Deutschland zurück, um den Anspruch auf Arbeitslosengeld und -hilfe zu erhalten. Man hat erst dann ein Anrecht auf Leistungen der Sozialversicherung im Zielland, wenn man ununterbrochen zwei Jahre dort gearbeitet hat.

Wer überlegt, im Ausland zu arbeiten, sollte sich zunächst gründlich informieren

Eine erste Anlaufstelle ist die örtliche Arbeitsagentur. Über Arbeitsmöglichkeiten im EU-Ausland informieren dort die sogenannten EURES-Berater. EURES (European Employment Services) ist das Netzwerk der europäischen Arbeitsverwaltungen. Wen es über die EU-Grenzen hinauszieht, der sollte Kontakt zur Zentralstelle für Arbeitsvermittlung (ZAV) in Bonn aufnehmen. Die ZAV verfügt nicht nur über eine Datenbank mit internationalen Stellenangeboten, sondern berät auch über die Voraussetzungen für ein Arbeitsverhältnis im Ausland.

Analysieren Sie aufmerksam die politische Lage und die wirtschaftliche Entwicklung im gewünschten Zielland. Studieren Sie ebenso die Stellenanzeigen in Online-Jobbörsen und Zeitungen: Welche Qualifikationen werden gesucht? Wie sehen die Lebenshaltungskosten aus (Mieten, Lebensmittel etc.)?

Was ist mit der Sprache? Entsprechen die eigenen Kenntnisse der Landessprache den Anforderungen des Arbeitsmarktes? Genauso wie in Deutschland werden in vielen nicht englischsprachigen Ländern gute mündliche und schriftliche Kenntnisse der Landessprache erwartet. Natürlich hängt das erforderliche Sprachniveau vom Arbeitsumfeld ab: Wer in der Verwaltung der Zielkultur arbeiten möchte braucht andere Voraussetzungen als derjenige, der für eine deutsche Gemeinschaft in der Metzgerei eines eingewanderten Deutschen arbeitet. In jedem Fall ist ein Sprachgrundkurs oder Einführungssprachkurs eine unzureichende Vorbereitung – auch für die Arbeitsplatzsuche. Wenn es aufenthaltsrechtlich möglich ist, kann man auch erst mal eine Phase im Zielland zum Sprachenlernen einplanen.

Der Bewerbungsprozess im Ausland

Wichtig ist, herauszufinden, wie der Bewerbungsprozess im Zielland typischerweise abläuft und welches Vorgehen empfehlenswert ist. Spätestens hier trifft man, falls dies noch nicht vorher geschehen ist, auf große kulturelle Unterschiede – auch schon innerhalb europäischer Länder. Während es bei uns eher üblich ist, sich schriftlich zu bewerben, kann es besonders in südlicheren Ländern notwendig sein, persönlich für eine Bewerbung vorzusprechen. Auch der Prozess der schriftlichen Bewerbung ist landestypisch unterschiedlich. In Frankreich empfiehlt sich oft noch ein handgeschriebenes Anschreiben, manche Unternehmen ließen bis vor kurzem die Bewerbung noch von einem Graphologen prüfen, und der Lebenslauf sollte maximal zwei Seiten umfassen. Im englischsprachigen Raum ist der „Cover Letter" und ein möglichst kurzes Lebenslaufprofil („Curriculum Vitae" oder „Résumé") ausreichend. Die Bewerbungen werden auch nicht zurückgeschickt, wie es bei den aufwändigeren Bewerbungsmappen in Deutschland üblich ist. Altersangaben, Familienstand und Fotos sind nicht nötig. Im Unterschied zu Deutschland werden in einem Kurzprofil über die formalen Qualifikationen hinaus die eigenen Kernkompetenzen und hier insbesondere die „weichen Faktoren" („soft skills") prägnant hervorgehoben. Statt Zeugnisse beizufügen, ist es in Großbritannien und in den USA üblich,

Referenzen anzugeben, also Personen, die der Arbeitgeber wegen Auskünften anrufen kann.

Man sollte im Vorfeld auch überprüfen, ob bzw. wie weit in Deutschland erworbene Berufsabschlüsse oder Diplome im Zielland anerkannt werden. Dazu gibt es Informationen im Internet.

Zu bedenken ist darüber hinaus, dass eine Reihe fachlicher inhaltlicher Qualifikationen kulturgebunden sind. Steuerfachfrauen und -männer brauchen Kenntnisse des Steuerrechts in der Zielkultur. Für manche medizinischen Berufe sind bestimmte Module Pflicht, um die Anerkennung zum Ausüben der Tätigkeit zu erhalten.

Wer schließlich eine Arbeitsstelle gefunden hat und sich ständig in einem europäischen Land aufhält (Achtung: bei den neuen Beitrittsländern gibt es Übergangsregelungen), braucht eine Aufenthaltserlaubnis, deren Rechtsanspruch sich aus dem Arbeitsvertrag ergibt. Hierzu gibt es ein ausführliches Informationsblatt der Bundesanstalt für Arbeit mit dem Titel „Arbeitslosengeld und Auslandsbeschäftigung".

 *www.arbeitsagentur.de*

Strategiehilfen zur Berufswahl und beruflichen Karriere

- Definieren Sie Ihr Berufs- und Lebensziel für die nächsten 3 bis 5 Jahre.
- Machen Sie eine Stärken-Schwächen-Analyse *(SWOT = Strengths, Weaknesses, Opportunities, Threads)*, mit deren Hilfe Sie Ihre Chancen in dem jeweiligen Zielmarkt analysieren.
- Knüpfen Sie Kontakte in Ihrem angestrebten Berufsfeld und lassen Sie sich von verschiedenen Perspektiven die Realität der Arbeitssituation schildern.
- Legen Sie mindestens drei Strategien fest: Plan A für die optimale Variante, Plan B für einen Kompromiss und Plan C für eine Minimalversion.

Die SWOT-Analyse ist ein Werkzeug, das bei der Situationsbeschreibung und Strategiebildung hilft. Die Abkürzung SWOT steht für: *Strengths, Weaknesses, Opportunities and Threats*, auf Deutsch „Stärken, Schwächen, Risiko und Chancen". Wichtig ist, dass Sie die Analyse nicht abstrakt erstellen, sondern mit Blick auf ein konkretes Ziel. Beantworten Sie innerhalb der vier Felder folgende Fragen:

Strengths – Stärken	Weaknesses – Schwächen
Welche Stärken bringe ich für das angestrebte Ziel mit	Wo liegen meine Schwächen im Hinblick auf das Ziel?
Opportunities – Chancen	Threats – Risiken
Welche Optionen gibt es im Zielland?	Welche Gefahren sind zu beachten?

Nach der Sammlung haben Sie einen Überblick über das Kräftefeld und können nun Entscheidungen treffen sowie Strategien entwickeln.

- ○ Ist Ihr Ziel weiterhin realistisch?
- ○ Wie werden Sie die Chancen nutzen oder ausbauen?
- ○ Wie können Sie aus Schwächen Stärken machen?
- ○ Wie werden Sie den Hindernissen und Risiken begegnen?
- ○ Was sind die nächsten Schritte?

Beenden Sie die Analyse mit einem Aktionsplan: Was tun, bis wann, mit wem?

⊕ Arbeitsplatzsuche im Ausland

www.worldwidejobs.com
www.partnerjob.com/index.php?rub=home
www.overseasjobs.com
www.jobpilot.de/content/journal/international/index.html
inhalt.monster.de/section1204.asp
www.focus.de/D/DB/DBH/DBHc02.htm

Beratung zu Arbeitsplatzsuche und Auswandern:
www.raphaels-werk.de/site/de/index.html

Anerkennung von Diplomen und Berufsabschlüssen:
www.enic-naric.net

(⤳ O BRASIL NÃO ESTÁ LISTADO)

Existenzgründung im Ausland

Freiberuflich unter Palmen? Wer hat nicht schon einmal daran gedacht, sich im Ausland selbstständig zu machen? Nie war es für Freiberufler leichter, ihre Projekte und Arbeit an einen anderen Ort zu verlegen. Mit Internet und Laptop macht es heute in einigen Berufen keinen Unterschied mehr, ob man in Tokio oder Nürnberg arbeitet. Am ehesten können Texter, Werbefachleute, Journalisten, Webdesigner oder Softwareentwickler ihre Arbeit an Plätze mitnehmen, an denen andere Urlaub machen. Nur darf man dabei nicht vergessen, wo die eigenen Kunden sitzen und wie man diese gewinnen und halten möchte. Wie kommt man an Kunden im Gastland? Was muss ich tun, damit meine Kunden bei mir bleiben, auch wenn ich nicht für eine Besprechung nach München reisen kann?

In den meisten Kulturen und Branchen werden Aufträge über persönliche Kontakte vergeben. Das ist bei der Akquise zu beachten. Wenn man einen längeren Auslandsaufenthalt scheut, dann ist eine temporäre Verlagerung des Geschäfts sicherlich ein guter Test der eigenen Auslandsfähigkeit. Wer als Freiberufler für einige Monate im Ausland arbeitet, behält seine deutsche Wohnung ebenso wie Postadresse oder Bankverbindung. Durch die gesetzliche Garantie der Niederlassungsfreiheit gibt es rechtlich gesehen in der EU keine Probleme. Zu bedenken sind jedoch die Kosten. In Osteuropa sind vielleicht die Lebenshaltungskosten geringer, dafür aber gehen Mobiltelefonkosten oder Internetanschlüsse oft sehr ins Geld. Auch die Reisekosten sollte man nicht unterschätzen. Für die Gründung einer Existenz im Ausland sollte man vor allem finanzielle Mittel mitbringen können. Existenzgründungen werden in den Ländern unterschiedlich behandelt, nicht überall gibt es eine Existentgründungsförderung; es gelten die Landesgesetze vor Ort.

Alle EU-Bürger haben einen Anspruch darauf, in jedem anderen EU-Land zu arbeiten oder ein Geschäft zu betreiben. Die Ausgestaltung dieses Anspruchs unterliegt allerdings nationalen Bestimmungen und ist sehr unterschiedlich geregelt. Für bestimmte Berufe sind besondere Zugangsvoraussetzungen erforderlich, die oftmals von Land zu Land differieren.

Häufig ist die Anerkennung von Berufsabschlüssen oder Studienabschlüssen Voraussetzung für bestimmte Tätigkeiten. Die einzelnen Bestimmungen hierzu sind oftmals unübersichtlich, und eine qualifizierte Beratung ist bei der Planung der zukünftigen Tätigkeit unentbehrlich. Außerhalb der EU benötigt man zudem für einen temporären Aufenthalt meist eine Arbeitserlaubnis und ein Visum. Sonst hat man nur eine begrenzte Aufenthaltserlaubnis, die meist auch mit einem Arbeitsverbot einhergeht. Erkundigen Sie sich also gut, bevor Sie diesen Schritt tun.

🌐 **Temporär freiberuflich ins Ausland**

www.freie-berufe.de
www.outofgermany.de

Die erste Anlaufstelle ist das Auswärtige Amt. Deutschlands System der Außenwirtschaftsförderung wird von Staat und Wirtschaft gemeinsam getragen. Die Auslandsvertretungen (Botschaften und Konsulate), die Auslandshandelskammern (AHK) und Delegiertenbüros bzw. Repräsentanzen der Deutschen Wirtschaft sowie die Bundesagentur für Außenwirtschaft (bfai) bilden im Ausland die drei Säulen der deutschen Außenwirtschaftsförderung. Auf den wichtigsten Exportmärkten der Welt sind alle drei Einrichtungen präsent. In anderen Ländern finden die Unternehmen auf jeden Fall die Auslandsvertretungen als Partner und Helfer.

Bei den in- und ausländischen Industrie- und Handelskammern kann man erfahren, ob die Aufnahme einer selbstständigen Tätigkeit nach den geltenden Rechtsvorschriften des Ziellandes möglich ist und welche Voraussetzungen erfüllt sein müssen. Die Außenhandelskammern informieren auch über Absatzwege, relevante Rechtsfragen und andere zur Unternehmensgründung wichtige Themen. Hier erhält man auch die Broschüre der Informationsstelle für Auswanderer und Auslandstätige im Bundesverwaltungsamt: „Allgemeine Hinweise – Informationen für Auswanderer und Auslandstätige". Die Bundesagentur für Außenwirtschaft (bfai), informiert zudem umfassend über die aktuelle Situation auf ausländischen

Märkten. Als Servicestelle des Bundesministeriums für Wirtschaft und Arbeit unterstützen sie seit über 50 Jahren deutsche Unternehmen auf dem Weg ins Auslandsgeschäft. Auf *www.ixpos.de*, das Außenwirtschaftsportal, findet man unter „Themen und Services" die Linkliste „Start ins Auslandsgeschäft". Einen ersten volkswirtschaftlichen Überblick, einschließlich der Durchschnittslöhne für 19 Länder, bietet das Statistische Bundesamt.

 Existenzgründung im Ausland

www.ahk.de
www.ixpos.de
www.subventionsberater.de
www.destatis.de/allg/d/veroe/l_profile/lprofil_ueb.htm
www.beratungsverein-ausland.de

Auf Jobsuche in den USA – ein Beispiel von Stephanie Q.

Seit Oktober 2005 arbeitet Stephanie Q. als Beraterin im Bereich Human Capital für eine internationale Unternehmensberatung in New York. Bevor sie nach New York zog, war sie erst Bankangestellte, dann Projektmanagerin und schließlich selbständige Trainerin im Bereich Intercultural Change Management. Ihr Umzug nach New York vollzieht sich schrittweise. Auf einer USA-Reise lernt sie ihren zukünftigen Ehemann, einen in den USA lebenden Inder, kennen. Zwei Jahre pendeln sie zwischen Deutschland und den USA, heiraten und ziehen dann erst in New York in eine gemeinsame Wohnung.

Stephanie hat zum Glück während ihrer Aufenthalte in New York schon Kontakte geknüpft, so dass sie zwar ohne eine direkte Jobzusage aber mit viel Enthusiasmus ihre Zelte in Deutschland abbricht und ganz nach New York zieht. Sie hat bereits einen Vertrag in Aussicht und das Unternehmen will sich auch um die Immigrationsformalia kümmern. Rückblickend stellt Stephanie Q. fest, dass man schon eine schnelle Auffassungsgabe und eine gehörige Portion Eigeninitiative braucht, um so schnell wie möglich produktiv in die Arbeit einzusteigen. Eine Eingewöhnungszeit gibt es in der Beratungsbranche kaum, Leistung und Professionalität vom ersten Moment an ist das, was zählt. Zum Glück hat sie die nötigen Behördengänge vor Arbeitsbeginn erledigen können, denn während intensiver Kundenprojekte für solche privaten Organisationssachen frei zu bekommen, ist nicht immer möglich. So lautet der Tipp von Stephanie Q.: Beantragen Sie vor allem Ihre Social Security Number (SSN) und machen Sie Ihren amerikanischen Führerschein, denn der internationale Führerschein ist offiziell nur 60 Tage nach Einreise in die USA gültig. Sie können auch ein Bankkonto erst nach Erhalt der SSN eröffnen. Erkundigen Sie sich bei Ihrem Arbeitgeber nach der Möglichkeit, eine Firmenkreditkarte zu bekommen, um Ihre „credit history" aufzubauen, so dass Sie sich bald für eine eigene Kreditkarte qualifizieren.

Es wird vorausgesetzt, dass man sich allein irgendwie zurechtfindet und dabei sind die Kleinigkeiten des Alltags doch meist die zeitaufwendigsten und schwersten für jemanden, der zugewandert ist. Was macht der „doorman" im Haus, und wie bekommt man seine Post? Wie funktioniert das Gesundheitssystem, und welche Versicherungen muss ich wie abschließen? Solche Fragen werden oft bei Entsendeten, die von ihrem Unternehmen „verschickt" werden, vorher geklärt und übernommen. Als Selbständige und Jobsucherin muss man sich durch den Dschungel von neuen Regeln und unbekannten Richtlinien wühlen.

Als zeitaufwändig und ungewöhnlich für deutsche Verhältnisse stellt sich bei Stephanie die Jobsuche heraus. In vielen Firmen in den USA ist es üblich, dass Angestellte „Prämien" dafür bekommen, wenn sie erfolgreich jemanden an ihr Unternehmen vermitteln. So kommt es, dass selbst neue Bekannte, Freunde von Freunden, oder Geschäftskontakte gerne einen fremden Lebenslauf weiterreichen. Es ist neu für Stephanie, bereits im ersten Gespräch einen Fremden zu fragen, ob er nicht einen Job hätte oder jemanden kennen würde. Meistens bekommt man dann eine Telefonnummer von einem Bekannten, den man, ohne ihn oder den Vermittler zu kennen, einfach anrufen und seinen Lebenslauf zuschicken kann. Kontakte sind daher Gold wert. Die Kontakte bekommt man in den USA z. B durch branchenspezifische Netzwerke oder Clubs, an deren regelmäßigen Veranstaltungen man schon für einen Jahresbeitrag von z. B. $ 60 teilnehmen kann. Nach jedem Jobinterview oder Arbeitsvermittlungsgespräch erwartet man von Ihnen übrigens eine „Dankes-E-Mail". Laut Stephanies Erfahrung ist auch internes Marketing zur Integration in die neue Firma in den USA wichtig. Warten Sie nicht darauf, dass man Ihnen Aufgaben mit genauen Anweisungen gibt – Chefs erwarten, dass Sie sich aktiv ins Projekt einbringen und nach Verantwortung fragen, um zu zeigen, was Sie können. Wenn Sie eine Aufgabe erfolgreich erledigt haben, lassen Sie es andere im Unternehmen wissen, schreiben Sie z. B. einen Artikel für die Firmenzeitung über ihr Projekt, geben Sie Ihre Lernerfahrung an Kollegen weiter. Sie können so Ihre eigene „Marke" aufbauen, Stärken für die Sie in der Firma bekannt sind. Dies ist üblich und fördert Ihr Weiterkommen.

Hauptsache Familie – Bikulturelle Paare und Familiengründung im Ausland

Entstammen Ihr Lebenspartner oder Ihre Ehefrau einer anderen Kultur? Für bikulturelle Paare und Familien stellt sich früher oder später die Frage: Zu mir oder zu dir? In wessen Heimat gehen wir? Endlich gemeinsam an einem Ort ankommen und sich zuhause fühlen ist eines von vielen Themen bikultureller Partnerschaften. Nur wo? Damit eine Partnerschaft gelingt, müssen Fragen des Alltagslebens bei binationalen Paaren meist viel grundlegender angegangen werden als bei deutschen. Wie gehe ich mit Zeit um? Wie feiern wir Weihnachten, Ostern oder das Zuckerfest? Wie erziehen wir die Kinder? Was ist Liebe? Wie viel Freiheit brauche ich? Wie viele Gemeinsamkeiten brauchen wir?

Unsere Einstellungen und Verhaltensweisen sind von verschiedenen Kulturen und Erziehungsnormen geprägt. Ein gemeinsames Leben setzt Toleranz, Umlernen und viel Anpassung voraus. Hierbei ist es wichtig, dass Erwartungen von beiden offen kommuniziert werden. Dazu gehören die Vorstellungen in Bezug auf Arbeitsteilung von Haus-, Familien- und Erwerbsarbeit, die Beziehungen zur Verwandtschaft und die Verantwortung für fern lebende Familienmitglieder, die Beziehungen zu Kollegen, Landsleuten, Freunden und Freundinnen und Themen wie gemeinsamer und getrennter Ausgang sowie Familienplanung, Empfängnisverhütung und Treue. In jedem Fall sollten sich beide Partner auch unabhängig voneinander selbst fragen, was dieser Schritt für sie als Individuen und als Paar bzw. Familie bedeutet.

Anders als bei deutsch-deutschen Paaren spielt die Außenwahrnehmung eine wichtige Rolle. Binationale Paare stehen nach wie vor auf dem Prüfstand, sie werden von vielen vor allem als Problempartnerschaften wahrgenommen. Durch zweifelnde Fragen von außen kommt es mitunter sogar dazu, dass sich ein binationales Paar für seine glückliche Beziehung rechtfertigen muss. Die Konfrontation mit völlig fremden Denk- und Erklärungsmustern kann zudem im höchsten Maße verstörend wirken. Und diese Störungen werden von jemandem ausgelöst, dem man sich emotional ganz besonders nahe fühlt. Eine erfüllende Beziehung haben hingegen diejenigen Paare, die ihre Anschauungen ein Stück weit aufgeben, um zu einer eigenen Paarkultur zu gelangen.

Häufig fühlt sich derjenige benachteiligt, einsamer und ausgelieferter, der nicht in der Umgebung seiner Sprachkultur lebt. Die Frage des Wohnorts ist eine permanente Frage in diesen Beziehungen, so dass einige sich sogar auf ein „neutrales Drittland" einigen, um eine Gleichberechtigung von Wissen, Erfahrung und Arbeitschancen zu ermöglichen. Binationale Paare entscheiden sich immer wieder aufs Neue für ein Land, in dem sie leben. Diese Entscheidungen sind oft vorübergehend, da sie von vielen Faktoren abhängen und doch entscheidend von den Möglichkeiten geprägt sind, die der ausländische Partner im Inland hat und wahrnehmen kann.

Die Fähigkeit zur Reflexion, die Bereitschaft zu stetem Neuanfang und die Fähigkeit zur Kommunikation sind dafür unabdingbare Voraussetzungen. Dass die eigene Paarkultur in etwa in der Mitte zwischen beiden Herkunftskulturen angesiedelt wird, ist dabei äußerst wichtig, denn Selbstaufgabe und „offene Konten" sind Killer der Gemeinsamkeit.

Deutsche, die sich hier ganz einlassen, spielen daher mit dem Gedanken, eine Weile oder für immer in der Heimatkultur des Partners zu leben, oder sie beschließen als Paar, gemeinsam in eine dritte Kultur zu gehen.

Wohnen:

- Welche Kriterien bestimmen unseren Wohnort?

- Kennen wir beide die Lebensbedingungen (Kultur, Familienleben, Sprache, Klima, Ernährung, Arbeitswelt, Schulen, medizinische Einrichtungen usw.) des neu gewählten Aufenthaltslandes gut genug? Können wir einschätzen, was es heißt, im gewählten Land zu leben?

- Was tun wir, wenn es einer von uns im gewählten Wohnsitzland nicht mehr aushält?

- Wie sind in dem Land, in welchem wir Wohnsitz nehmen wollen, Einreise, Aufenthalt, Ausreise und Bürgerrecht geregelt?

Sprache

- In welcher Sprache reden wir miteinander? In welcher Sprache sprechen wir mit den Kindern?

- Wie gut verstehen und sprechen wir beide die Muttersprache des Partners oder der Partnerin? Können wir uns mit Verwandten und Freunden unterhalten? Wenn nicht, was bedeutet das für uns?

Finanzielles

- Ist unser Einkommen gesichert? Welche Einkommenschancen hat der ausländische Partner oder die Partnerin?

- Wer trägt wieviel zur Deckung der Familienkosten bei?

- Wie ist die Finanzierung regelmäßiger Kontakte in die Heimat möglich (Telefonrechnungen, Reisekosten)?

Kinder

- Kennen wir unseren Erziehungsstil und denjenigen des Partners, der Partnerin? Haben wir gemeinsame Erziehungsziele?

- Welche Chancen und Belastungen ergeben sich aus unserer bikulturellen Partnerschaft für Kinder (Zweisprachigkeit, religiöse Erziehung)?

- Was würde mit den Kindern geschehen, wenn unsere Ehe bzw. Partnerschaft scheitern würde? Was dann, wenn nach einer Trennung nicht mehr beide Eltern im selben Land leben?

Eine Vorlage dieser Checkliste zum Ausdruck finden Sie auf der beiliegenden CD.

Deutsch-spanische Überlegungen – das Beispiel von Maria

Maria und ihr Mann hatten sechs Jahre lang eine Fernbeziehung zwischen Deutschland und Spanien geführt und schließlich ein großes Verlangen, endlich zusammen zu leben. Beide haben sich vorher lange überlegt, wie die Karriereaussichten sind, ob die Sprachkenntnisse ausreichen, ob ihre Eltern sie brauchen würden, aber zum Glück gab es in beiden Familien keine Pflegefälle. Marias Mann hatte schon sieben Jahre Berufserfahrung in Spanien als Mitarbeiter eines deutschen Unternehmens gesammelt, während sie Berufsanfängerin war. Das von den beiden gewählte Arrangement sah vor, dass Marias Mann nach Deutschland kam, damit Maria sich zunächst einmal in ihrem Beruf in Deutschland etablieren und so einen Grundstein für ihre berufliche Zukunft legen konnte. Glücklicherweise konnte Marias Mann im selben Unternehmen einen Job bekommen, in dem auch sie arbeitete. Schnell haben sie bemerkt, dass sie beide viel vergleichen: Was ist in Spanien, was ist in Deutschland besser? Außerdem fiel ihnen auf, dass von beiden Partnern immer wieder besondere Aufmerksamkeit gefordert war. Bei Marias Mann war wegen der noch fehlenden Sprachkenntnisse und des Mangels an Freunden in Deutschland Achtsamkeit geboten, damit er in ihren Freundes- und Kulturkreis integriert werden konnte. Mit der Familie klappte die Integration gut, gemeinsame Hobbies wurden leicht gefunden und das Paar zelebrierte bewusst die kulinarischen Traditionen aus beiden Kulturen. Außerdem haben die beiden Gebiete gesucht, in denen sich Marias Mann einbringen und mit anderen austauschen kann, z. B. verbindet ihn mit dem Schwiegervater die Freude an der Gartenarbeit. Dennoch vermisst Marias Mann sein Land sehr – das Essen, seine Familie, die Freunde. Andererseits wissen beide, wie schwer es ist, über die Distanz Beziehungen zu pflegen. Wichtig ist für ihn, in Deutschland auf dem Laufenden zu bleiben, was Spanien angeht, das spanische Radio ist daher eine geliebte „Pflicht". Telefonischer Kontakt und regelmäßige Heimatbesuche in Spanien verstehen sich von selbst.

Zwischen beiden ist ausgemacht, dass Maria irgendwann im Gegenzug dafür, dass er nach Deutschland gekommen ist, mit ihm nach Spanien gehen wird. Partnerschaft ist für beide ein Geben und Nehmen, und dabei hilft ihnen, dass sie Probleme und Bedürfnisse immer direkt und offen ansprechen. Kompromissbereitschaft ist das Zauberwort, ebenso wie die Bereitschaft, immer wieder aktiv den Kontakt zum anderen zu suchen.

Mit Hilfe von Internet, spanischen Jobseiten, Gesprächen mit seiner Familie und der Auswahl einer Stadt am Mittelmeer, in der beide wohnen wollen, planen sie nun langsam die Veränderung. Damit einher geht die Familienplanung. Sie spüren, dass sie sich beide aktiv darum kümmern müssen, jeder auf seine Weise. Maria freut sich auf den Schritt, um mehr ihren Interessen nachgehen zu können, und ihr Mann ist ohnehin schon ganz sehnsüchtig auf die Rückkehr nach Spanien. Für den genauen Zeitpunkt haben sie sich noch nicht entschieden, und ob Spanien dann für immer ihr Wohnort bleiben wird, wissen sie auch noch nicht.

Rechtliche Situation, kulturelle Unterschiede und die schwierige Kommunikation machen eine grenzüberschreitende Liebe zur Herausforderung. Gelingt eine bikulturelle Partnerschaft aber, kann sie Modellfall einer Gesellschaft der Zukunft sein. Das belegen auch Statistiken des Verbands binationaler Paare: 14,2 Prozent der in Deutschland registrierten Ehen im Jahre 2004 wurden zwischen Menschen aus Deutschland und einer anderen Kultur geschlossen, und 12,3 Prozent der in Deutschland im gleichen Jahr geborenen Kinder entstammen binationalen Verbindungen mit einem deutschen Elternteil.

www.verband-binationaler.de, www.ig-binational.ch/seiten/home.html
www.ev-auslandsberatung.de

Eine Reihe von Fachpublikationen über binationale Paare, Ehen, Kinder:
www.iaf-bremen.de/Publikationen/Publikationen.htm

Familiengründung im Ausland

Sie haben noch keine Kinder? Vielleicht überlegen Sie, die Familiengründung ins Ausland zu verlegen. Dies liegt vor allem jenen Paaren nahe, die in ein Land gehen, wo die Partnerin ohnehin keine Arbeitserlaubnis bekommt und der Auslandsaufenthalt als „Elternzeit" genutzt werden könnte. Auch hier ist eine gute Vorbereitung Gold wert. Denn das Gesundheitssystem, der Umgang mit Babys und Unterstützungsangebote für werdende Mütter sind von Land zu Land sehr verschieden. So werden z. B. in Frankreich Babys ab 6 Monaten oder auch schon jünger zu einer „nourrice" gegeben, die das Kind den ganzen Tag versorgt, während die Mutter ihrer Arbeit nachgeht. Auch Kindertagesstätten sind reichlich vorhanden und werden stark genutzt. Die Diskussion, ob man eine gute oder schlechte Mutter ist, wenn man sein Kind in dem Alter „weggibt", wird dort übrigens nicht geführt. Wenn Sie also den Wunsch haben, Ihr Kind im Ausland zur Welt zu bringen, sollten Sie sich schon zu Hause um das Thema Eltern- und Mutterschaft in der Zielkultur informieren.

Kümmern Sie sich besonders um eine gute Schwangerschaftsbetreuung im Gastland. Wichtig ist neben der Ausstattung und Hygiene der Klinik vor allem der Umgang der behandelnden Ärzte und Hebammen mit Ihnen als Schwangere. Viele Deutsche lernten ihr Heimatland und seine gute medizinische Betreuung hier im Ausland zu schätzen. Fühlen Sie sich wohl in der Umgebung? Ist die Art, wie mit Ihnen umgegangen wird, für Sie vertrauensvoll, kompetent und menschlich? Können Sie mit dem Krankenhauspersonal auf einer Sprache sicher kommunizieren und Ihre Wünsche ausdrücken? Wenn dies alles der Fall ist, steht einer Geburt in einem fremden Land nichts im Wege.

Bereiten Sie sich auf folgende Situationen gut vor:

- Das mögliche Zusammenprallen unterschiedlicher Normen und Werte: Die Umstellung von Paarleben auf Familienleben ist schon in Deutschland für viele Eltern eine Herausforderung. Die Werte und Normen der eigenen Erziehung treten auf den Plan und können nicht nur innerhalb des

Paares kollidieren, sondern auch und vor allem mit den kulturellen Gepflogenheiten des Ziellandes.

○ Erhöhte Isolationsgefahr im Ausland: Bei Babys sind die Eltern in der Regel noch nicht über Institutionen mit anderen Eltern verbunden, insbesondere die Mutter ist stärker zuhause angebunden. Die Geburt eines oder mehrerer Kinder kann – so zeigt die Erfahrung – die Isolation für die Mütter und Familien erhöhen. Kommt – wie so oft – hinzu, dass der Mann sehr viele Stunden arbeitet, lange Stunden pendeln muss oder beruflich viel auf Reisen ist, sehen Mutter und Kind den Vater kaum noch. Und wenn die Mutter die Landessprache nicht beherrscht, kann sie an den Betreuungs- und Austauschangeboten für junge Mütter im Gastland kaum gewinnbringend teilnehmen.

Die Schwangerschaft ist ein bedeutsamer Prozess im Leben einer Frau, durch den auch viel Verunsicherung entsteht, besonders dann, wenn es das erste Kind ist. Jedes Land hat andere Traditionen bzgl. medizinischer Untersuchungen und Ansichten, was für das Kind gut oder schlecht ist. Viele Schwangere, die im Ausland leben, berichten, dass sie das Bedürfnis haben, in ihrer Muttersprache zu reden, wenn es ihnen schlecht geht, sie erinnern sich, dass es eine große Hilfe war, sich werdende Mütter aus dem eigenen Herkunftsland zu suchen sowie sich mit Schwangeren zu umgeben, die die Abläufe im Gastland gut kennen. Das bringt Sicherheit.

Tipps für Formalia

○ Lassen Sie die Geburtsurkunde übersetzen und beglaubigen.
○ Innerhalb von 6 Monaten sollten Sie als Sorgeberechtigter beim Standesamt I in Berlin anzeigen, dass ein Kind geboren wurde. Sie können dies auch über die deutsche Auslandsvertretung tun. (Die Beurkundung kann jedoch auch nach der Anzeigefrist noch beantragt werden.)
○ Prüfen Sie Ihre Krankenversicherung, ob und wie viel Kosten für die Schwangerschaft im Ausland übernommen werden

○ Informieren Sie sich über die Gepflogenheiten für Mutter und Kind im Gastland. Welche Institutionen bieten Unterstützung? Wie ist die gesundheitliche Versorgung? Wo kann man welche Betreuungsangebote nutzen? Gibt es Mutter-Kind-Gruppen?

⊕ Erfahrungsberichte von Schwangeren im Ausland:
www.adeba.de/html.php/modul/HTMLPages/pid/9

2 | Mit der ganzen Familie: Vorbereitungen für die Ausreise mit Kindern

Erwachsene beschließen, ins Ausland zu gehen, und die Kinder müssen mit. Daher überlegen viele Eltern, wann eine günstige Zeit für den Auslandsaufenthalt sein könnte und wie sie die Kinder optimal vorbereiten und integrieren. Oft sind die Kinder noch sehr klein (bis drei Jahre), da einerseits die Entsandten immer jünger werden, andererseits viele Eltern – zu Recht – davon ausgehen, dass der Kulturwechsel leichter fällt, solange die Kinder noch nicht institutionell gebunden sind. In der Tat hängt es sehr stark von Alter und Entwicklungsphase ab, wie es dem Kind bei einem Umzug ins Ausland ergeht. Natürlich spielen auch die Gefühle der Eltern und ihr Umgang mit dem Umzug eine zentrale Rolle. Kinder im Alter bis zu drei Jahren haben in der eigenen Kultur, außer zu den Eltern, nur wenige stabile Beziehungen aufgebaut. Wenn diese Stabilität im Umzug erhalten bleibt, bewältigen die Kinder den Orts- und Kulturwechsel in der Regel problemlos.

Mit zunehmendem Alter wird im Vorschulalter von bis zu sechs Jahren zwar Abschiedsschmerz erlebt, doch auch schnell vergessen. Die Kinder knüpfen vor Ort rasch neue Freundschaften und eignen sich die Sprache phonetisch leicht an.

Schulkinder im Alter von bis zu elf Jahren sind kurzfristig emotional belastet. Sie erleben den Abschied vom Freundeskreis bewusst. Auf Umstellungsschwierigkeiten reagieren sie möglicherweise mit Regression, d.h. sie fallen zurück in alte Gewohnheiten oder kindliche, ihrem Alter im Grunde nicht mehr angemessene Verhaltensweisen. Sie erlernen die Sprache zwar nicht so mühelos wie die jüngeren, aber ebenfalls schnell und knüpfen in der Schule zügig neue Kontakte.

Erst im Alter zwischen 12 und 16 Jahren sind Kinder stärker über ihren Freundeskreis verwurzelt und reagieren zum Teil mit Ablehnung gegen die Pläne der Eltern. Ihnen ist bewusst, dass mit dem noch so aufregenden Neuanfang auch ein Abschied von Freunden und Bekannten einhergeht. Sie befürchten, keine neuen Freunde zu finden oder in der neuen Gemeinschaft ausgegrenzt zu werden. Sie sind im Abnabelungsprozess und befürchten nicht zu unrecht, im Gastland in neue Abhängigkeiten von den Eltern zu geraten.

Das Institut für interkulturelles Management (IfiM) hat in einer Umfrage unter Eltern, die mit Kindern unterschiedlicher Altersstufen im Ausland waren (u. a. in den USA, in Brasilien, Korea, Indien, China) ermittelt, dass die Trennung der Kinder von ihrem bisherigen Umfeld als schwierig, aber nicht unzumutbar erlebt wurde. Die Kinder haben in der Regel leicht ausländische und je nach Kulturkreis auch einheimische Freunde gefunden. Am besten gelingt der Anschluss an einheimische Kinder z.B. in USA und Brasilien, etwas schwieriger ist es in Asien.

Letztlich ist für die Kinder entscheidend, wie die Eltern selbst den kulturellen Wechsel vorbereiten, erleben und bewältigen. Kinder haben ein sehr genaues Gespür für unausgesprochene Stimmungen und lernen von den Reaktionen des Umfelds, vor allem von den Reaktionen der Eltern. Wenn die Eltern daher mit positiver Einstellung an dieses Projekt heran- und mit Befürchtungen und realistischen Erwartungen konstruktiv umgehen, werden die Kinder es leichter haben, die Herausforderungen zu meistern. (Siehe hierzu auch → S. 153 ff.)

IMPORTANTE! ← wichtig

Checkliste 4 | Vorbereitung der Kinder auf die Ausreise

- Setzen Sie sich mit der Familie zusammen und besprechen Sie den Umzug.

- Erklären Sie Ihre persönlichen Gründe für die Entscheidung, und geben Sie den Kindern realistische Aussichten auf das neue Leben.

- Schenken Sie Ihren Kindern altersgerechte Bücher zu den Themen Verreisen, fremde Kulturen, Alleine-Sein, Umgang mit Neuem u. Ä.

- Zeigen Sie den Kindern Bilder, Videos, Bücher und Gegenstände aus der Zielkultur.

- Schenken Sie Ihnen Utensilien oder Dinge, die gebraucht werden könnten aus dem zukünftigen Heimatland.

- Erklären Sie den Kindern, welche Veränderungen auf sie zukommen werden.

- Kochen Sie mit den Kindern eine typische Landesspeise, oder besuchen Sie ein entsprechendes Restaurant.

- Sprechen Sie gegebenenfalls vorher mit wichtigen Bezugspersonen der Kinder (z. B. Großeltern, Lehrern), und informieren Sie sie über Ihre Ansichten und Begründungen gegenüber den Kindern. Ab einem gewissen Alter überprüfen die Kinder gern die Aussagen der Eltern.

- Ziehen Sie ihre Kinder altersgerecht mit in die Vorbereitungen des Umzuges ein.

- Organisieren Sie ein Abschiedsfest und auch Abschiedsrunden für die Kinder und ihre Freunde, damit sie sich von dem vertrauten Umfeld (Orten, Ereignissen, Lehrern, Tieren usw.) verabschieden können. → o „Freundebuch"

- Geben Sie Ihren Kindern die Möglichkeit, zu trauern. ¿*KÉ SUFICIENTE?*

- Erstellen Sie gemeinsam ein Begleitbuch, in das die Freunde der Kinder Wünsche, Fotos oder Erinnerungen eintragen und einkleben können.

- Beteiligen Sie die Kinder aktiv beim Zusammenpacken ihrer Kisten, besonders bei den persönlichen Gegenständen. Lassen Sie den Nachwuchs selbst entscheiden, was ihm wichtig ist, mitzunehmen.

- Sorgen Sie beim Umzug dafür, dass die Kinder ihre Lieblingssachen bei sich haben. Das erleichtert das Ankommen in der fremden Umgebung. Auch für Jugendliche sind die bekannten Sachen, mit denen sie sich auskennen und die ihnen lieb sind, wichtig für die Ankunft in einer neuen Umwelt.

- Legen Sie einen Vorrat an Videoaufzeichnungen deutschsprachiger Fernsehsendungen, Computerspiele, deutschsprachige Bücher und Spiele für Geburtstage etc. an, damit die Kinder vor Ort Kontinuität und Gewohnheiten erleben können.

- Erkundigen Sie sich im Vorfeld über Freizeitmöglichkeiten für die Kinder.

- Erzählen Sie den Kindern, was sich alles nicht verändern wird, und halten Sie auch im Übergang und während der Ankunftszeit an einigen heimischen Ritualen fest.

Eine Vorlage dieser Checkliste zum Ausdruck finden Sie auf der beiliegenden CD.

Die richtige Schule

Die wichtigste Entscheidung für die Eltern schulpflichtiger Kinder ist die Wahl des Schultyps im Gastland. Im Gegensatz zu Deutschland unterscheiden sich die Schularten in vielen Ausreiseländern erheblich in Qualität und Stil. Zu bedenken ist nicht nur der Wechsel in die neue Schule, sondern auch die Frage, wie schon jetzt, während der Ausreise, die weitere Schullaufbahn der Kinder bei der Rückkehr ins Heimatland vorbereitet werden kann. Auch wenn, wie so häufig, die Dauer des Auslandsaufenthalts noch nicht klar ist, empfiehlt es sich, unterschiedliche Szenarien durchzuspielen.

Es gibt verschiedene Bildungsmöglichkeiten für deutsche Kinder im Ausland.

Deutsche Schule

Man kann eine der über 100 deutschsprachigen Schulen weltweit wählen. Hier unterrichten erfahrene und qualifizierte Entsandtenlehrer aus Deutschland, die auf allen Schulstufen die Verbindung zum deutschen Schulsystem und seinen Standards aufrecht erhalten. Sie vermitteln in 12 Schuljahren alle Kenntnisse, die zu einem Studium an deutschen Hochschulen befähigen. Die Kosten liegen bei ungefähr 1.000 Euro im Monat. Die Vorteile eines nahtlosen Anschlusses z. B. über die Sprache, aber auch über Curriculae und Schulzeiten liegen auf der Hand. Allerdings wird die Integration ins Gastland durch diesen Schultyp weniger gefördert.

Internationale Schule

Anders ist dies bei internationalen und europäischen Schulen. Das Erziehungssystem bei internationalen Schulen ist meist amerikanisch, die Schulsprache englisch, und die Schüler kommen meist aus aller Herren Länder. Internationale Schulen sind weiter verbreitet als deutsche Schulen. Hier muss man mit Kosten zwischen 7.000 und 10.000 USD pro Jahr rechnen. Dafür ermöglicht dieser Schultyp den Kindern das internationale Baccalaureat. Die europäischen Schulen (wie die Britische, Französische oder Spanische) folgen meist den Curriculae ihres Landes. Sie bieten zusätzlich muttersprachlichen Unterricht für Deutsche an.

Organisatorisch und finanziell sind einheimische und einheimisch konfessionelle Schulen attraktiv. Außerdem gelingt der Anschluss an die Landeskultur am ehesten. Die Kinder haben allerdings nicht selten einen Exotenstatus und sind mit dem in etlichen Kulturen üblichen autoritären Erziehungsstil und der auf Reproduktion zielenden Lernmethodik weniger vertraut. Auch sollte man bedenken, dass die Integration in das deutsche Schulsystem für die Kinder nach der Rückkehr erschwert sein kann, da sie sich an das internationale Umfeld gewöhnt haben. Die Weiterfinanzierung des Besuchs einer internationalen Schule kann – zurück in Deutschland – allerdings zum Problem werden, wenn die Arbeitgeber die internationalen Ausbildungen nur im Ausland finanzieren.

Internat

Als weitere Alternative für ältere Kinder wird von manchen Eltern ein Internataufenthalt in Betracht gezogen. Ähnlich wie bei einem Austauschschülerjahr besteht hierin für die Kinder die Chance, einmal in eine ganz andere Welt einzutauchen, Sprachkenntnisse zu erwerben, mit Gleichaltrigen zu leben und gegebenenfalls einen internationalen Abschluss zu machen. Die Kosten sind erheblich. Ein Jahresaufenthalt in einem Internat in den USA kostet rund 30.000 USD, in Großbritannien ca. 30.000 Euro, in Irland etwa die Hälfte. Zu beachten ist, dass diese Alternative vor allem für gute und weniger familienorientierte, extrovertierte Schüler geeignet ist, die Schulen häufig Wert darauf legen, einen persönlichen Kontakt vor der Anmeldung zu haben, und die weitere Planung der schulischen Laufbahn bedacht werden muss. Angesichts der nicht unerheblichen Investition sollte man sich für diese Option bei speziellen unabhängigen „Internatsberatern" informieren und von ihnen beraten lassen.

Selbstorganisierter oder Fern-Unterricht

In manchen entlegenen Gebieten bleibt den Eltern nur die Wahl, entweder für eine Gruppe von Kindern einen Lehrer einzustellen oder selbst zu unterrichten. Didaktisch aufbereitete Unterrichtsmaterialien und Unterstützung gibt es bei verschiedenen Organisationen. Am gemeinnützigen Institut „Deutsche Fernschule e.V." lernen zur Zeit weltweit über 600

Kinder in den Stufen 1 bis 4. Alle Lehrpläne sind an die deutschen Inlandsschulen angebunden, und die Kurse (in Deutsch, Mathematik, Englisch oder Sachunterricht), die man je nach Klassenstufe buchen kann, sind staatlich zugelassen. Die Kurse schließen entsprechend mit einem Schulzeugnis ab. Eine Lehrkraft in Deutschland betreut jedes Kind und korrigiert die eingesandten Aufgaben. Die Kurse werden von manchen Eltern als einzelne Fächer zusätzlich zu einem Besuch von örtlichen Schulen hinzugebucht. Die Stufen 5 bis 10 können über das „Institut für Lernsysteme GmbH – Fernlehrwerk" abgedeckt werden, das im Auftrag des Auswärtigen Amtes Schüler der Sekundarstufe I bis zum Realschulabschluss bzw. zum Abschluss für Gymnasien Klasse 10 versorgt.

Klären Sie folgende Fragen für die Entscheidungsfindung:

- Wie ist die Schule erreichbar?
- Wann beginnt, wann endet das Schuljahr?
- Wie hoch ist das Schulgeld? Was kosten Lehrbücher? Gibt es weitere Kosten, die erwartet werden (Spenden etc.)
- Gibt es Aufnahmeprüfungen, -beschränkungen oder -bedingungen?
- Welche Lehrpläne werden vermittelt?
- In welchen Sprachen wird unterrichtet, und welche Sprachen werden vermittelt?
- Welche Abschlüsse sind erreichbar?
- Gibt es Förderungen bei Lernschwierigkeiten?
- Gibt es noch andere ausländische oder deutsche Kinder?

Vorbereitung der Kinder auf die neue Schulsituation

Nehmen Sie die Kinder, wenn irgend möglich bei der Auswahl der Institution mit oder beziehen Sie sie zumindest in die Entscheidungsfindung mit ein. Erkundigen Sie sich nach attraktiven Freizeitaktivitäten rund um die Schule und eröffnen Sie den Kindern eine Perspektive, die attraktiv ist (z. B. Reiten lernen, eine neue Sportart ausüben etc.). Unterstützen Sie die Kinder, Fotos und Materialien des zukünftigen Wohnorts und der Schule aus dem Internet herunterzuladen, um damit eine kleine Broschüre zu basteln, die sie ihren Freunden zeigen

können. Suchen Sie mit den Kindern kindgerechte Internetseiten über die jeweilige Zielkultur. Bereiten Sie die Kinder auf neue kulturelle Gepflogenheiten vor. Nicht selten ist, dass sie plötzlich in die Rolle von Exoten kommen und viele Fragen beantworten müssen. Das sollte man mit ihnen altersgerecht üben. In manchen Kulturen kann es außerdem vorkommen, dass sie in der Öffentlichkeit ungefragt angefasst werden, weil sie im Vergleich zur Mehrheitsbevölkerung eine viele weißere Haut oder selten zu sehende rote Haare etc. haben. Insbesondere kleinere Kinder reagieren auf diese unbefangenen und neugierigen Kontaktversuche mit Überraschung und Weinen, wenn man ihnen nicht erklärt, dass es für die Einheimischen etwas so besonderes darstellt, wie sie aussehen, dass man sie berühren möchte.

⊕ Links für Eltern

Deutsche Auslandsschulen im Netz: *www1.dasan.de*

Zentralstelle für Auslandsschulwesen der Bundesregierung: *www.auslandsschulwesen.de*

Anerkennung von Schulleistungen aus dem Ausland: *www.kmk.org*

Deutsche Fernschule: *www.deutsche-fernschule.de*
Interessensgemeinschaft Deutschsprachiger im Ausland – Infos zu mehrsprachiger Erziehung, Schulen usw.

Institut für Lernsysteme: *www.ils.de*

Zentrale Stelle für Fernunterricht: *www.zfu.de*

Infos für Schüler, Eltern, Lehrer weltweit: *www.web-wren.com/IDA/ImAusland/index.html*

Englischsprachige Vorbereitungen für Kinder, die ins Ausland gehen: *www.kidlink.org/deutsch/general/intro.html*
www.ipl.org/youth/cquest

Es gibt viele einzelne Seiten zu bestimmten Ländern, die das Land den Kindern näherbringt, z. B: *www.initaly.com/regions/kids/kidintro.htm*

Bildungsserver Ausland: *www.aa-education.com/bildung*

3 | Auf Nummer sicher: Finanzen, Steuern und Versicherungen

Arbeits- und Steuerrecht, Altersvorsorge, Sozialversicherung und Krankenversicherungen – schon im Inland hat es so mancher schwer, den Überblick zu behalten, im Ausland wird es dann erst recht komplex. Steuergesetze sind wohl in jedem Land kompliziert, ändern sich häufig und sind für Laien nur schwer zu durchschauen. Um Rechts-, Steuer- und Versicherungsfragen kümmern sich bei Firmenentsendungen die Personalabteilungen bzw. die von ihnen beauftragten Spezialisten. Da der Großteil der Entsendungen vom Unternehmen ausgeht, besteht hier eine Fürsorgepflicht gegenüber dem Arbeitnehmer. Dazu gehört die nötige Aufklärung zu den steuerrechtlichen und sozialversicherungsrechtlichen Fragen ebenso wie Hilfestellung zu Versicherungen oder das Angebot von Gruppenverträgen zu Krankenversicherung, Altersvorsorge usw. Wenn Sie angestellt sind, bewegen Sie sich innerhalb der Grenzen der Entsendungsrichtlinien, d. h. Sie haben nur begrenzt Spielraum für Verhandlungen, sind aber auch durch viele Zusatzleistungen gut abgesichert und haben Experten, die Ihnen zur Seite stehen.

Wenn Sie nicht als Angestellter oder Angehörige eines Angestellten ins Ausland gehen sondern auf eigene Faust, dann sind Sie in der Pflicht, sich selbst um diese Dinge zu kümmern. In Deutschland dürfen Rechtsberatungen nur durch Anwälte erfolgen, und auch Relocater dürfen in solchen Themengebieten keine Beratungen durchführen. Der folgende kurze Überblick dient als erste Orientierung – wer hier detailliertere und gesicherte Informationen braucht, sollte sich an entsprechende Experten wenden.

Steuerrecht

Wenn Sie für Ihren deutschen Arbeitgeber im Ausland tätig werden, muss Ihr Arbeitgeber die deutsche Besteuerung prüfen:

- In welchem Umfang ist der Arbeitslohn im Inland steuerpflichtig, und welcher Lohnsteuerabzug muss vorgenommen werden?
- Gibt es eine Lohnsteuerfreistellung nach einem Doppelbesteuerungsabkommen (DBA)?
- Gibt es eine Freistellung aufgrund des Auslandtätigkeitserlasses, oder gibt es eine sonstige Steuerfreistellung?
- Erhebt der ausländische Staat eventuell eine Steuer auf den Arbeitslohn?
- Wird die ausländische Steuer auf die deutsche Steuer angerechnet, und wenn ja, wie?

Deutschland hat mit mehr als 70 Ländern sogenannte Doppelbesteuerungsabkommen (DBA) abgeschlossen, welche regeln, ob einem Vertragsstaat ein Besteuerungsrecht zusteht. Ziel ist es, eine Doppelbesteuerung der Arbeitnehmer zu vermeiden. Diese Abkommen gehen dem innerstaatlichen Recht vor und werden ergänzt durch eine Reihe von Protokollen, Briefwechseln und Dokumenten, deren Inhalte als Bestandteile auch angewandt werden.

Für alle beschränkt und unbeschränkt steuerpflichtigen Arbeitnehmer, die im Auftrag eines deutschen Unternehmens in einem Land im Einsatz sind, mit dem kein DBA abgeschlossen wurde, gilt der Auslandtätigkeitserlass. Weitere Methoden der Besteuerung sind Anrechnung, Abzug oder Freistellung von der Steuerpflicht, deren Einsatz sich nach den zwischen den Ländern abgeschlossenen Regelungen und dem Status des Arbeitnehmers richtet.

Für die Beurteilung der inländischen Steuerpflicht ist zu unterscheiden, ob Sie unbeschränkt oder beschränkt steuerpflichtig sind. Unbeschränkt steuerpflichtig ist man, wenn man seinen Wohnsitz im Inland hat. Die beschränkte Steuerpflicht besteht dagegen dann, wenn der ständige Aufenthalt im Ausland ist.

Dazu ein Beispiel: Rolf M. hat durch eine Entsendung seinen Wohnsitz nach Santiago de Chile verlegt. Sein Arbeitgeber bleibt die Gesellschaft in Deutschland. Er kommt im Jahr an ca. 18 Tagen zu Besprechungen in die deutsche Zentrale. In diesen 18 Tagen erzielt er inländische Einkünfte, die steuerpflichtig sind. Rolf M. ist jedoch wegen seines Hauptwohnsitzes in Chile beschränkt steuerpflichtig. Wie diese 18 Tage sich auf den Lohnsteuerabzug auswirken, ist eine Sache für Experten.

Wenn Sie ohne Ihren Arbeitgeber ins Ausland gehen, bekommen Sie in der Regel einen lokalen Arbeitsvertrag, mit dem Sie dann je nach dortiger Regelung vor Ort sozial- und krankenversichert sind. Sie werden im Gastland nur dann beschränkt steuerpflichtig, wenn Sie Ihren Wohnsitz in Deutschland behalten. Fragen Sie hierzu einen Steuerexperten.

Bei uns: wir haben denn keinen Wohnsitz in Deutschland.

Sozialversicherung

Sie als Arbeitnehmer oder Arbeitssuchender haben sicherlich ein Interesse daran, während Ihres Auslandseinsatzes möglichst optimal weiterversichert zu sein bzw. keine Nachteile in Ihrer Absicherung zu haben. Dafür lohnt sich ein Blick in die Sozialgesetzgebung der Bundesrepublik Deutschland. Das Sozialgesetzbuch bezieht sich auf die Beschäftigung im Inland, ob man nun versicherungspflichtig oder freiwillig versichert ist. Für Entsendungen bzw. Aufenthalte im Ausland sieht das Sozialgesetzbuch verschiedene Regelungen vor. Generell werden unter der Sozialversicherung die fünf Bereiche Kranken-, Renten-, Pflege-, Arbeitslosen- und Unfallversicherung zusammengefasst, die nachfolgend näher erläutert werden. Gemeinsam ist allen Bereichen jedoch das Folgende:

- Die sogenannte *Ausstrahlungsregelung* gilt für Personen, die für ihren deutschen Arbeitgeber zeitlich begrenzt im Ausland tätig sind. Dabei bleibt das inländische Beschäftigungsverhältnis aktiv, und die Sozialversicherung gilt in allen Zweigen weiter. Dies hat den Vorteil, dass Sie und die ggf. mitversicherten Angehörigen die gleichen Leistungsansprüche wie bisher haben. Für den Einsatz der Ausstrahlung gibt es Vorraussetzungen, die zu erfüllen sind: die Befristung der Beschäftigung im Ausland und das Weiterbestehen der aktiven Beschäftigung im Inland.

- Wenn die Ausstrahlung für Sie nicht zutrifft, ist zu prüfen, ob ein Sozialversicherungsabkommen zwischen der Bundesrepublik Deutschland und dem ausländischen Staat besteht. Dieses regelt im beiderseitigen Einvernehmen den Verbleib in der deutschen Sozialversicherung. Bei der Anwendung auf Ihren individuellen Fall kommt es auf die Art des Abkommens an, das mit Ihrem Gastland geschlossen wurde.

- Wenn es kein Abkommen mit dem Land gibt, in das Sie gehen, müssen Sie sich über die Weiterversicherungsmöglichkeiten Gedanken machen. In diesem Fall könnte es passieren, dass Sie im Gastland auch noch beitragspflichtig werden und es zu einer doppelten Beitragszahlung käme.

Sie sehen schon anhand dieser Komplexität, dass sämtliche Regelungen ganz individuell betrachtet und abgewogen werden müssen, damit Sie einen optimalen Versicherungsschutz für die Zeit im Ausland haben. Fragen Sie hierzu bitte Ihre Personal- bzw. Entsendeabteilung oder Experten des internationalen Steuer-, Arbeits- und Versicherungsrechts.

Bund der Auslandserwerbstätigen: *www.bdae.de*

Krankenversicherung

Grundsätzlich gilt in der Krankenversorgung das Territorialprinzip, d. h. alle sozialversicherungsrechtlichen Regelungen richten sich nach dem Staat, in dem der Arbeitnehmer beschäftigt ist. Hier kommen die Ausstrahlungsrichtlinien bzw. die Sozialversicherungsabkommen zum Tragen.

Wenn Sie von einem deutschen Unternehmen entsandt werden, haben Sie sowie die Sie begleitenden Angehörigen den Anspruch auf medizinische Versorgung durch den Arbeitgeber (§17 SGB V). Ihr Arbeitgeber hat wiederum einen Erstattungsanspruch gegen Ihre Krankenkasse. Da in einigen Fällen die Krankenkassen aber nur Behandlungskosten in Höhe der Kosten in Deutschland gewähren, kann es zu Fehlbeträgen kommen. Diese werden vom Unternehmen übernommen –

hierbei gibt es verschiedene Regelungen und Gruppenversicherungen, über die Ihre Entsendungsabteilung in der Regel gut Bescheid weiß.

In den meisten Fällen ist es sinnvoll, in der deutschen Sozial- und Krankenversicherung zu bleiben – stellen Sie sich vor, Sie gehen nach China und müssen die Versicherungsbedingungen und -leistungen in chinesischer Sprache verstehen und in dieser Sprache auch Rechnungsabwicklungen erledigen. Um Ihre Sozial- und Krankenversicherung aufrecht zu erhalten, bestehen sowohl für Angestellte und Arbeitssuchende als auch für Selbstständige alternative Versicherungsformen.

- Wenn Sie gesetzlich pflichtversichert sind, haben Sie keinen großen Spielraum. Die meisten deutschen Unternehmen haben für die Fälle, in denen die ausländischen Behandlungskosten die deutschen übersteigen, eine Auslandsrestkostenversicherung für Sie abgeschlossen.

- Die Krankenversicherung kann, egal ob sie pflichtversichert oder freiwillig versichert sind, auch auf eine Anwartschaft umgestellt werden. Ihre Versicherung ruht dann für die Zeit, die Sie im Ausland verbringen, und es besteht die Möglichkeit, jederzeit wieder in ihren bisherigen Vertrag aufgenommen zu werden. Dazu ist es wichtig, eine Auslandsvollkostenversicherung abzuschließen, um einen vollen Versicherungsschutz für den Auslandsaufenthalt zu gewährleisten. Hier gibt es unterschiedliche Anbieter, deren Konditionen Sie am besten vorher für Ihre individuellen Bedürfnisse prüfen.

- Wenn Sie privat versichert sind, bietet Ihre Versicherung in der Regel auch einen weitergehenden Versicherungsschutz für Auslandsaufenthalte an, zumindest innerhalb der EU. Achten Sie hierbei jedoch auf die Konditionen und vergleichen Sie gut. Sie brauchen in diesem Fall meist keine zusätzliche komplette Auslandsvollkostenversicherung sondern sollten lediglich Ihren Versicherungsschutz ausdehnen. Natürlich können Sie auch Ihre private Versicherung auf Anwartschaft umstellen.

○ Schließlich gibt es noch die Möglichkeit, sowohl aus der gesetzlichen als auch aus der privaten Krankenversicherung auszutreten. Es klingt bisweilen verlockend. In den Vereinigen Arabischen Emiraten beispielsweise wird das Gesundheitssystem durch die Regierung finanziert. Wer eine dort gültige „Health Card" besitzt, dem steht die medizinische Grundversorgung kostenlos zur Verfügung. Dazu gehören Behandlungen an öffentlichen Krankenhäusern, ggf. der Krankentransport und die folgende medizinische Versorgung. Zur Erlangung dieser Gesundheitskarte muss man sich allerdings einem ausführlichen Gesundheitstest unterziehen und eine einwandfreie Gesundheit nachweisen. Doch das Ablehnen einer Anwartschaft in Deutschland ist riskant. Stellen Sie sich vor, Ihr Partner geht vorzeitig zurück nach Deutschland und benötigt dort einen Krankenversicherungsschutz. Oder Sie möchten nach Ihrem Auslandsaufenthalt wieder in die private Krankenversicherung zurück, aus der Sie ausgetreten waren. Sie haben sich aber im Ausland eine chronische Rückenerkrankung oder eine Allergie zugezogen. Abgesehen davon, dass Sie älter geworden sind und deswegen bei Neueintritt ggf. der Beitrag höher ist als vorher, müssen Sie sich unter Umständen auch einer Gesundheitsuntersuchung unterziehen, die Ihnen in dem geschilderten Fall Aufschläge oder einen Ausschluss beschert.

Da die gesetzliche Pflegeversicherung an die Krankenversicherung gekoppelt ist, sind diese Regelungen analog für die Pflegeversicherung anzuwenden.

⊕ Ländermerkblätter Entsendung und Auslandskrankenversicherung: *www.germanhealthcare.org/cont/download.php?merkblaetter=on*

Rentenversicherung

Jeder Staat, in dem Sie tätig waren, muss Ihnen entsprechend Ihren Versicherungszeiten eine eigene Rente auszahlen. Beachten Sie, dass in allen Staaten unterschiedliche Altersgrenzen für die Rentenberechtigung gültig sind. Es ist daher möglich, dass Sie später aus mehreren Staaten jeweils eine Rente erhalten, je nachdem, wo Versicherungszeiten zurückgelegt wurden. Eine „Gesamtrente" oder „Europarente" gibt es (noch) nicht.

Sie haben in der gesetzlichen Rentenversicherung zwei Weiterversicherungsmöglichkeiten. Entweder Ihr Arbeitgeber schließt eine Antragspflichtversicherung ab oder Sie selbst kümmern sich um eine freiwillige Weiterversicherung. Nähere Auskünfte darüber gibt es bei der Deutschen Rentenversicherung. Die steuerliche Förderung für die zusätzliche Altersvorsorge bekommt derjenige, der unbeschränkt steuerpflichtig ist, d. h. es muss ein Wohnsitz in Deutschland vorhanden sein. Für Ausnahmeregelungen bzw. Rückzahlungen fragen Sie Ihren darauf spezialisierten Steuerberater.

🌐 Unter dem Punkt Ausland und Rente findet man weiterführende Informationen der deutschen Rentenversicherung: *www.deutsche-rentenversicherung.de*

Arbeitslosenversicherung

Hinsichtlich der Vorsorge auf eine mögliche Arbeitslosigkeit sind ebenfalls die Sozialversicherungsgesetze der einzelnen Staaten zu beachten. Innerhalb der EU gelten ähnliche Beitragsverpflichtungen wie in Deutschland. Sollten Sie Ihren Job verlieren, erhalten Sie Arbeitslosengeld, sofern Sie in Ihrem Gastland versichert waren und Beitragszahlungen geleistet haben. Innerhalb der Europäischen Union werden die in Mitgliedsländern angesammelten Versicherungszeiten problemlos angerechnet. Die gesetzliche deutsche Arbeitslosenversicherung bietet seit 2006 eine freiwillige Arbeitslosenversicherung an. Hierauf haben Sie Anspruch, wenn Sie nicht entsandt worden sind, jedoch eine Beschäftigung im vertragslosen Ausland ausüben. Zusätzlich müssen Sie innerhalb der letzten 24 Monate vor Aufnahme der Beschäftigung im Ausland mindestens 12 Monate Pflichtbeiträge nach dem SGB III eingezahlt haben.

🌐 Deutsche Verbindungsstelle Krankenversicherung-Ausland: *www.dvka.de*
Freiwillige Arbeitslosenversicherung:
www.freiwillige-arbeitslosenversicherung.de

Kinder- und Elterngeld

Kindergeld oder einen Kinderfreibetrag bekommen Sie nur dann, wenn Sie unbeschränkt steuerpflichtig sind. Jedoch kann derjenige, der in einem Versicherungsverhältnis mit der Bundesagentur für Arbeit steht oder versicherungsfrei nach § 28 Nr. 1 SGB III ist, Kindergeld erhalten. Für Kinder, die auf Dauer im Ausland leben, können Sie als Eltern Anspruch auf weitere kindbedingte Steuervergünstigungen haben. Dazu gehören, je nach Situation Ihrer Familie bzw. Ihres Kindes und der Regelung des Landes, in dem Sie derzeit leben, z. B. Kinderbetreuungskosten, Unterhaltsleistungen, Ausbildungsfreibetrag, Behinderten-Pauschbetrag, Schulgeldabzug, Vergünstigungen bei eigenen Einkünften und Bezügen des Kindes.

Familie W. ist beispielsweise mit ihrem Sohn nach Frankreich gezogen. Michaela W., die in Frankreich arbeitet, ist nicht mehr unbeschränkt steuerpflichtig, hat aber Anspruch auf ein sozialrechtliches Kindergeld, wenn sie bei der Bundesanstalt für Arbeit weiter versicherungspflichtig ist.

Als Staatsangehöriger eines EU-Mitgliedstaates kann man das Kindergeld also mitnehmen und die Unterstützung des Auslandes wird mit dem deutschen Kindergeld verglichen. Ist das deutsche Kindergeld höher als die ausländische Leistung, wird die Differenz bezahlt. Umgekehrt erhält man natürlich nichts, wenn der ausländische Betrag höher ist. Informationen dazu bekommt man bei der Arbeitsagentur in Nürnberg und beim Auswärtigen Amt.

Das seit 1.1.2007 gewährte Elterngeld ist schwerer auf Ausgereiste anzuwenden, weil dieser Personenkreis nicht explizit aufgeführt wird. Anspruch auf die Gehaltskompensation von 67 % des wegfallenden monatlichen Erwerbseinkommens bis zu höchstens 1.800 Euro für 14 Monate haben vor allem diejenigen, die ihren Wohnsitz in Deutschland haben. Allerdings gibt es in §1 Absatz 2 (BEEG) die Regelung, dass Arbeitnehmer, die während ihrer Auslandstätigkeit dem deutschen Sozialversicherungsrecht unterliegen (im Rahmen der „Ausstrahlung"), auch Anspruch auf Elterngeld genießen, sofern sie im Rahmen eines inländischen Beschäftigungsverhältnisses im Voraus mit zeitlicher Befristung von einem deutschen Arbeitgeber entsandt werden. Mit anderen Worten, nur, wenn sie für Ihr Unternehmen im Ausland tätig sind und die Personalkosten nicht im Gastland belastet werden, haben Sie Anspruch auf Elterngeld. Es gibt weitere Möglichkeiten, wenn Ihr Vertrag anders gestaltet ist, die jedoch abhängig von den zwischenstaatlichen Abkommen sind. Hier ist im Einzelfall zu prüfen, ob Sie einen Anspruch haben oder einklagen können.

⊕ (kostenpflichtige) Steuerberatung Kinder im Ausland:
www.steuerrat24.de/dynasite.cfm?dssid=2050&dsmid=5274

📖 Ein Praxisratgeber, in denen arbeits-, sozialversicherungs- und steuerrechtliche Regelungen erklärt werden: Mütze, Kai; Popp, Michael: Handbuch Auslandsentsendung, Datakontext Fachverlag, Frechen 2007.

Unfallversicherung

Grundsätzlich ist in der gesetzlichen Unfallversicherung jede Person versichert, die in einem Arbeits-, Dienst- oder Ausbildungsverhältnis beschäftigt ist. Unternehmer sowie freiberuflich Tätige sind grundsätzlich nicht versichert. Sie können sich freiwillig versichern. Auch in diesem Fall gilt die Regelung der Ausstrahlung bzw. der Sozialabkommen. Nach Ablauf einer vereinbarten Frist unterliegt der entsandte Arbeitnehmer in manchen Fällen dann der Unfallversicherung des Gastlandes. Wenn Sie von Ihrem Unternehmen entsandt werden, hat dieses über die Berufsgenossenschaften oft eine Zusatzversicherung gegen Unfälle im Ausland abgeschlossen.

⊕ Deutsche Verbindungsstelle Unfallversicherung Ausland: *www.hvbg.de*

Finanzen allgemein

Mit Blick auf die Umstellung der Finanzierungsweisen, sollten Sie sich im Vorfeld folgende allgemeinen Fragen zur Finanzierung stellen:

⊙ Welche Lebenshaltungskosten sind zu erwarten? Wie hoch ist die Mehrwertsteuer?

- Ist mein bzw. unser Einkommen gesichert? Welche Einkommenschancen haben Sie oder/und Ihr Partner?
- Welche finanziellen Folgen können Krankheit, Unfall, Arbeitslosigkeit, Scheidung, Alter, Tod für Sie haben?
- Bin ich bereit, allenfalls auf gewohnten Lebensstandard und Konsum zu verzichten? Wie gehen wir damit um, wenn die Finanzen knapp werden?

Einen ersten Überblick über Lebenshaltungskosten, Regelungen zu Einkommensteuer und Versicherungen, Eröffnung von Bankkonten usw. in verschiedenen Ländern neben anderen Informationen: *www.justlanded.com/*

Versteckte Kosten

Rechnen Sie mit Kosten, die unverhofft auftreten!

- Die Möbel aus Deutschland passen nicht in die klimatischen Bedingungen, und es bedarf der angepassten Neuanschaffungen
- Klimatische Bedingungen belasten Wohlbefinden und Gesundheit so, dass Luftbefeuchter oder Klimaanlagen in den Wohnräumen eingebaut werden müssen
- Das Gesamtpaket der benötigten Untersuchungen, Impfungen, Medikamentenvorsorge für einzelne Länder und für die ganze Familie kann schnell ins Geld gehen
- Elektrogeräte können aufgrund von unterschiedlichen Stromspannungen oder Steckdosen nicht mitgenommen werden und müssen vor Ort neu eingekauft werden
- Mitgebrachte Güter (Computer, Pkws) werden in manchen Ländern extrem hoch als importierte Luxusgüter versteuert
- In vielen Ländern rechnet sich – aus unterschiedlichen Gründen - die Überführung eines Pkws nicht, Ihr Wagen ist nicht geeignet, die Überführung würde zu viel kosten etc. der Pkw muss ggf. verkauft, ein neuer in der Zielkultur angeschafft und versichert werden
- In manchen Ländern sind erhöhte Sicherheitsmaßnahmen erforderlich; kalkulieren Sie Ausgaben für Einbruchsicherungen, Safe oder Alarmanlage ein
- Überlegen Sie auch die versteckten Kosten bei der Rückkehr: wenn Sie Haus und Einrichtung verkaufen, müssen beides vielleicht zu einem höheren Preis wiederbeschafft werden

Sich im Ausland selbst organisieren – Gabriele G. erzählt

Die deutsche Rechtsanwältin Gabriele G. Ist nach einigen Jahren in einer deutschen Kanzlei europaweit auf der Suche nach einer neuen Herausforderung, die sie schließlich in Kopenhagen findet. Dort arbeitet sie nun seit Mitte 2006 als Rechtsanwältin in einer Kanzlei und kümmert sich um alle Mandate, die mit Deutschland zu tun haben. Da sie nicht von ihrer bisherigen Kanzlei entsandt wurde, muss sie sich selbst um sämtliche Sozialversicherungsangelegenheiten kümmern – und das ist auch für sie als Rechtsanwältin nicht gerade ein Zuckerschlecken. Sie fragt Kollegen, Freunde und Bekannte um Rat, holt Informationen bei EURES und anderen für Dänemark spezialisierten Beratungsstellen sowie den dänischen und deutschen Sozialversicherungsträgern ein und entscheidet sich am Ende für die im folgenden beschriebene Kombination.

Bei der Krankenversicherung wählt sie die dänische gesetzliche Krankenkasse, in der man als Arbeitnehmer mit Wohnsitz in Dänemark automatisch versichert ist. Es gibt wie in Deutschland auch private Zusatzversicherungen, von der sie eine für private Krankenhausbehandlung im Ausland abschließt. Der Grund: Wenn sie eine ernsthafte Krankheit bekommen sollte, möchte sie gerne in Deutschland behandelt werden. Zum Beispiel sind die Wartezeiten in den dänischen Krankenhäusern für Bestrahlungen bei Krebspatienten sehr lang; es kann von der Diagnose bis zur ersten Behandlung bis zu 3 Monate dauern. Natürlich hätte sie die private deutsche Krankenversicherung zum alten Satz durch eine Anwartschaft aufrechterhalten können, da sie aber gesetzlich versichert war, hat sie nur die Möglichkeit, in der deutschen gesetzlichen Krankenversicherung als Mitglied freiwillig versichert zu bleiben. Dann richtet sich der Beitrag jedoch nach dem ausländischen Bruttoeinkommen, was kaum zu finanzieren ist.

In Dänemark gibt es keine verpflichtende Arbeitslosenversicherung, sondern eine freiwillige Variante. Gabriele G.

entscheidet sich dagegen, da diese ihr relativ teuer erscheint und der Maximalbetrag, der ausgezahlt wird, nur bei ca. 10.000 DKK (ca. 1.344 Euro) liegt. Da eine durchschnittliche Zweizimmerwohnung schon 7.000 DKK (ca. 940 Euro) kostet, findet sie diese Variante nicht lohnenswert. Die Entscheidung fällt ihr auch wegen der gängigen Entlassungspraxis in Dänemark und vor allem bei ihrem Arbeitgeber nicht schwer. Dieser „entlässt" keine Mitarbeiter – man wird rechtzeitig gebeten, sich etwas anderes zu suchen und hat dann offiziell selbst eine neue Herausforderung gesucht. Sie sieht also von daher keine ernsthafte Gefahr, Arbeitslosenhilfe in Anspruch nehmen zu müssen.

In den Steuerabgaben ist keine Rentenversicherung vorgesehen, sodass man für die Rente selbst vorsorgen muss. Als Rentenversicherung kann man – abhängig von den Regelungen im Arbeitsvertrag – einen gewissen Prozentsatz des Bruttolohnes wählen. Bei einigen Berufsgruppen zahlt die Firma 10 Prozent und der Arbeitnehmer muss selbst 5 Prozent zu seiner Rentenvorsorge zahlen. Man schließt mit einem Rentenversicherer einen entsprechenden Rentenvertrag und wählt dabei die Anlageform des Geldes selbst (wie bei deutschen privaten Rentenversicherungen auch) z. B. 50 Prozent Aktienanteil und 50 Prozent Obligationen. Die Versicherung wählt selbst jedes Jahr die Zusammensetzung des Pools aus. Hier ist alles sehr flexibel, man kann einen höheren Aktienanteil wählen, man kann seinen Pool auch aus selbst festgelegten Aktien- und Obligationenpaketen zusammenstellen, mit oder ohne 10-jähriger Auszahlungsgarantie. Die Versicherung kann jederzeit ruhend gestellt werden; die einzuzahlenden Prozentsätze können erhöht oder erniedrigt werden. Letzteres ist allerdings wieder abhängig davon, ob der Arbeitgeber auch etwas zur Rente beisteuert oder nicht.

Eine Pflegeversicherung gibt es in Dänemark nicht und als Angestellter ist man über den Arbeitgeber unfallversichert. Bei vielen Arbeitgebern ist auch eine Berufsunfähigkeitsversicherung dabei, so auch bei der Kanzlei, in der Gabriele G. in Kopenhagen arbeitet.

Dieses Beispiel macht deutlich, dass man sich eine ganz individuelle Kombination aus Versicherungs- und Finanzierungsleistungen zusammenstellen muss, welche von vielen Faktoren abhängig ist.

4 | Es geht los: Planung der Übersiedlung

Wenn Ausgereiste erzählen, dass die Zeit „sehr knapp" war, die sie für die Vorbereitung hatten, so meinen sie in der Regel einen Zeitraum von drei bis vier Monaten. Der Aufwand, eine ganze Existenz ins Ausland zu verlagern, zumal von mehreren Personen, ist nicht zu unterschätzen. Denn die administrativen und logistischen Wege dauern oft länger als erwartet. Man ahnt gar nicht, in welchen Verträgen bzw. vertraglichen Verpflichtungen (von der GEZ bis zum Abonnement) man alles sein kann.

Es empfiehlt sich daher, einen individuellen Zeitplan zu erstellen und die zu organisierenden Dinge und Vorgänge auf einer Zeitleiste anzuordnen. Fristengebundene Erledigungen (Papiere, Dokumente organisieren, Kündigung von Abonnements und Mitgliedschaften in Vereinen etc.) haben teilweise etliche Wochen Vorlauf. Für manche Länder ist es ratsam, einen zweiten Reisepass für alle Familienmitglieder zu beantragen. So kann man zum Beispiel mit Einreisestempeln aus arabischen Kulturen in den USA Schwierigkeiten bekommen und hat es leichter, wenn alle Familienmitglieder zwei Reisedokumente besitzen.

Größere Aktionen wie das Ausräumen des Kellers, die Organisation der Renovierung müssen ebenfalls länger im Voraus organisiert werden. Und schließlich braucht auch die psychische Abnabelung ihre Zeit.

Neben den vielen kleinen Vorbereitungen, Um- und Abmeldungen sind auch große Entscheidungen zu treffen. Ausschlaggebend sind dabei Informationen und Erfahrungen anderer aus dem Zielland. Wie schwierig kann die Suche nach einer Bleibe vor Ort sein? Wie sind die Zollbestimmungen für die Einfuhr von z. B. Geräten oder Versicherungskonditionen der entsprechenden Kultur? Was muss bereits im Vorfeld geschehen, damit eine administrative Existenz vor Ort gegründet werden kann (Eröffnung von Bankkonten etc.). Sollen die Wohnung oder das Haus verkauft oder vermietet werden? Was geschieht mit dem Hausstand insgesamt, soll er eingelagert, verkauft oder mitgenommen werden? Lohnt es sich, das Auto zu behalten, oder ist es besser, es zu verkaufen? Deutsche neigen, im Unterschied zu anderen Nationalitäten, dazu Wohneigentum zu erhalten. Hier liegt eine Vermietung nahe. Was die meisten jedoch nicht gerne bedenken, ist die Vorbereitung der Rückkehr bereits bei der Abreise. Ist vertraglich geregelt, dass der Mieter die Wohnung oder das Haus verlässt, wenn man zurückkommt? Den Hausstand nehmen besonders Familien in der Regel mit, damit die Kinder ihre gewohnte Umgebung haben. Man muss auch bedenken, dass sich der Aufenthalt verlängern kann (und oft verlängert wird). Bei firmeninitiierten Entsendungen geben die Personalabteilungen der Unternehmen den Familien in der Regel die ersten Informationen. Idealerweise erhalten sie dabei noch Erfahrungsberichte von Personen, die schon vor Ort waren.

Der nächste Schritt kann das persönliche Gespräch mit einer Relocating-Firma sein. Auch für einen selbstorganisierten Auslandsaufenthalt sind diese Dienstleister zu empfehlen. Sie sind spezialisiert auf die Organisation des gesamten Umzugs ins Ausland und halten allgemeine Checklisten ebenso bereit wie Spezialinformationen über die Zielländer. Vor Ort arbeiten sie mit Kooperationspartnern zusammen, die bei der Einrichtung der Lebensgrundlagen, bei der Wohnungssuche, der Eröffnung eines Bankkontos, bei Schulanmeldungen etc. behilflich sind.

Sicherlich haben Sie schon Umzüge in Ihrem Leben bewältigt und sind mit der Organisation vertraut. Doch bei einem Landeswechsel sind einige Besonderheiten zu beachten. Neben der reinen Menge des Umzugsguts sind noch besondere Verfahren einzuplanen. Spezialisierte Speditionsfirmen schauen sich den Haushalt an, schätzen die Anzahl der Kisten und Container und machen einen Kostenvoranschlag. Je nach

Verschiffungsart müssen mehrere Wochen für den Transport veranschlagt werden. Die organisatorische Kette zwischen Deutschland und dem Zielland ist dabei zu berücksichtigen. Die Sachen gehen in der Regel erst einmal zum Zoll. In vielen Ländern muss man polizeilich angemeldet sein oder besondere Genehmigungen haben, um seinen Haushalt auflösen und abholen zu können. Und manchmal braucht man Formulare für die Auflösung – und wieder andere Formulare, um diese Formulare zu erhalten. Selbst in den USA z. B. kann dieser Prozess zwei Wochen dauern.

Es klingt banal, aber genau diese Logistik macht ausreisenden Familien oft zu schaffen. Schon bei einem Umzug innerhalb eines Landes sind eine Reihe von Entscheidungen bezüglich des Hab und Guts zu treffen. Erst recht bei einem Wechsel in ein anderes Land, bei dem jedes Stück über weite Strecken transportiert werden muss, und wo man nicht schnell noch einmal etwas holen kann. Wer den Hausstand oder das Auto nicht mitnehmen möchte, denkt ans Einlagern. Das kann teuer werden. Wer keinen Container verschicken will, der kann Haushaltswaren auch ganz normal mit Paletten verschicken. Preislich gibt es hier je nach Fluggesellschaft Unterschiede. Man muss mit mindestens zwei Euro pro Kilogramm rechnen. Die Kisten müssen zwei Tage vor Abflug am Terminal durchnummeriert und mit Inhaltsangaben auf Paletten abgegeben werden. Hier lohnt es sich, vorab sowohl von den Fluggesellschaften als auch von Transportunternehmen Angebote einzuholen. Es kommt darauf an, wo die Einlagerungsfirma ist, wie viel bzw. wie wenig Service geboten wird und natürlich wie viel Platz Sie zum Einlagern brauchen.

 Auf www.lagerbox.com gibt es einen Raum-Rechner. Sie geben ein, was Sie an Möbeln haben, und der Rechner sagt Ihnen, wie viel Lagerraum Sie benötigen. Die Monatsmiete beträgt pro Kubikmeter zwischen sieben bis acht Euro für kleine und vier bis fünf Euro für große Boxen.

Klären Sie, ob das Einlagern Sie letztlich mehr kostet als eine Neuanschaffung vor Ort. Das gilt auch für das Auto. Wer alles mitnimmt, muss viele Aspekte bedenken. Was soll weggegeben, weggeworfen, eingelagert oder mitgenommen werden? Oft wird die Gelegenheit zum Ausmisten genutzt. Die Einzelentscheidungen bezüglich des Hausstandes sind natürlich abhängig vom Zielland, seiner Distanz und den lokalen administrativen Bedingungen. Manche Anschaffungen müssen noch in Deutschland gemacht werden, weil benötigte Dinge vor Ort nicht erhältlich sind, andere Mitnahmen oder Käufe, wie z. B. Elektrogeräte, erübrigen sich, weil sich Stromspannung oder Steckdosen unterscheiden. Wird der Hausstand mitgenommen, sollte vorher eine Inventarliste gemacht werden für den Fall, dass etwas verloren oder zu Bruch geht. Kostbare Gegenstände sollten fotografiert und versichert werden.

Sie sollten in jedem Fall eine individuelle Lösung finden, die Ihnen, Ihren Zukunftsplänen und auch Ihrem Geldbeutel entspricht. Natürlich kann man Umzüge kostengünstiger oder kostenintensiver gestalten. Überlegen Sie, was Sie sich leisten möchten und können, um ein gutes Gefühl zu haben.

Familie R., die mit zwei schulpflichtigen Kindern nach Spanien gegangen ist, hat es folgendermaßen beschlossen: Für ein halbes Jahr betrachten sie ihr Haus in Deutschland mit allen Möbeln unangetastet und – versorgt und bewacht von den Nachbarn – als „Heimathafen" für den Fall, dass es ihnen oder den Kindern doch nicht so gut gefällt wie gedacht. Nach dieser selbstgesetzten Frist haben sie beschlossen, werden sie einige Gegenstände nach Spanien holen und neue hinzu kaufen, aber im Wesentlichen ihr Haus möbliert vermieten. Dazu haben sie mit einer Relocationfirma Kontakt aufgenommen, die immer schon im Vorfeld weiss, wann Familien nach Deutschland kommen. Das Ehepaar R. hat sich also entschieden, ihre Bleibe in Deutschland vorerst nicht aufzugeben, sondern bevorzugt an Mitarbeiter des selben Unternehmens, also Kollegen, zu vermieten und erst in einigen Jahren neu zu überlegen, wenn sie sehen, wie sich der Auslandsaufenthalt entwickelt.

Lassen Sie sich von Rückfragen von Außenstehenden nicht verunsichern, welche die Konsequenz Ihrer Entscheidung, ins Ausland zu gehen, anzweifeln. Finden Sie eine – Ihre ökonomisch und psychologisch richtige Lösung. Die Art und Weise, wie Sie Ihren Lebensmittelpunkt verlagern, muss zu Ihnen passen und zu sonst niemandem.

Zusätzlich zu den üblichen Umzugsvorbereitungen, die auch bei einem Inlandsumzug anfallen, muss man sich für eine längerfristige Ausreise aus Deutschland vor allem um folgende Punkte rechtzeitig kümmern:

- Formalia für Personen: Pässe, Visabestimmungen, Aufenthalts- und Arbeitsgenehmigungen
- Bestimmungen für mitreisende Lebewesen wie Haustiere und Pflanzen
- Bedingungen für die Mitnahme von Gegenständen: Zollbestimmungen (z. B. Zollanträge für die Mitnahme von Kameras, Schmuck, Fernsehgeräten, Kraftfahrzeugen etc), Elektrizitätsbedingungen
- Übergangsplanung: Wo und wie wohnen, wenn es nicht nahtlos geht, was und wie viel überhaupt mitnehmen?
- Vorsorge für die Gesundheit: Impfungen, Medikamentenversorgung, Auslandskrankenversicherung, ggf. Reise-Rückholversicherung
- Dokumentation zur Organisation und Kontrolle: z. B. Inventarliste für Gegenstände; Übersichten über wichtige Dokumente, Kontaktadressen etc.
- Hinzunahme von Expertenwissen in Form von Kontaktpersonen oder Dienstleistern wie Versicherungen, Relocatern und Spediteuren, die auf Auslandsumzüge spezialisiert sind.

Wer alles selbst organisieren muss, kann sich am folgenden Checklisten-Fahrplan (→ S. 94) orientieren. Stellen Sie sich auf dieser Basis eine ganz persönliche, zeitgestaffelte Liste zusammen.

Checkliste 5 | Zeitliche Vorbereitung der Ausreise

Ein Jahr vor der Ausreise

- Gründe und Ziele für den Auslandsaufenthalt formulieren
- Informationen über mögliche Zielkulturen sammeln
- Arbeitsmöglichkeiten und -bestimmungen erkunden
- Wünsche und Erwartungen mit dem Partner diskutieren, Gedanken reifen lassen
- Entscheidung fällen und kommunizieren
- Zeitplan erstellen

Sechs Monate vor der Ausreise

- Informationen über die Zielkultur, Religion, Bräuche einholen
- Immigrationsbestimmungen verifizieren
- Sprachkurse belegen
- Interkulturelles Training buchen
- Look-and-See-Trip / Orientierungs- und Erkundungsreise einplanen
- Wohnungs- und Haussuche am Zielort planen bzw. organisieren
- Liste aller Verträge (Versicherungen, Miete, Abonnements etc.) mit Fristen anlegen
- Finanzmanagement: Liste der Verbindlichkeiten, Daueraufträge, Abbuchungser-mächtigungen, Steuern etc. anlegen
- Strategien für Renten-, Sozialversicherungs- und Steueraspekte besprechen
- Ordner mit wichtigen Unterlagen aktualisieren oder anlegen
- Keller, Dachboden, Garage, Speicher etc. ausmisten (Sperrmüll bestellen, Floh-marktverkauf, Verschenkliste für Freunde versenden)

Eine Orientierungsreise starten

- Wenn Sie sich für einen "Look-and-See-Trip" entscheiden, sollten Sie neben einer Erkundung von Land, Umgebung und Leuten überprüfen, inwiefern ihre Vorstel-lungen auch der Wirklichkeit entsprechen. Wenn Ihr Entschluss bereits feststeht, in das Land zu gehen, können Sie auch bereits organisatorische Fragen klären – das erleichtert die Vorbereitung. Wichtigste Punkte dabei:
- Schnuppertour durch die Wohngegenden
- Übergangswohnraum (Apartments, Hotels), Dauerwohnraum (Kauf, Miete) ansehen
- Administrative Besonderheiten des Landes (Abwicklung der Einreise etc.) bestätigen lassen

- Kindergarten, Schule, Betreuungseinrichtungen prüfen
- Lauf- und Fahrtwege zu Arbeitsplatz, Schulen etc. zu verschiedenen Tageszeiten prüfen
- Besonderheiten für die Ummeldung, für den Kauf eines Kfz prüfen (einschließlich Führerschein-Übersetzung oder -Umschreibung)
- Eröffnung eines Bankkontos (erkundigen Sie sich vorher nach den Voraussetzungen)
- Nehmen Sie, wenn möglich, die Familie (auch die Kinder!) mit
- Wenn Sie mit Kindern ins Ausland gehen, schauen Sie sich vor Ort genau die Wohngegenden an und vergleichen Sie: Haben die Kinder hier ähnliche Bedingungen wie zu Hause?

Vier Monate vor der Ausreise

- Angebote von Speditionen einholen und vergleichen
- Mietvertrag schriftlich kündigen, Hausverkauf organisieren, Modalitäten (Nachmieter, Untervermietung, Renovierung etc.) klären
- Angebote von Handwerkern für Renovierungsarbeiten einholen
- Gültigkeit der Dokumente (Reisepässe, Führerscheine etc.) prüfen
- Aktuelle Passbilder von allen Familienmitgliedern anfertigen lassen
- Prüfen, ob es ratsam ist, einen Zweitpass für alle zu beantragen
- Prüfen, ob ein internationaler Führerschein erforderlich ist, den man leichter beantragen kann, wenn man noch einen Wohnsitz in Deutschland hat
- Prüfen, ob es ratsam ist, eine international gültige Kreditkarte zu beantragen
- Arbeits- und Aufenthaltserlaubnisse und gegebenenfalls Visa und polizeiliches Führungszeugnis beantragen
- Steuerkarten beantragen (sofern dies schon ohne Wohnsitz und mit Arbeitsbescheinigung des Arbeitgebers möglich ist)
- Versicherungen informieren, stilllegen, kündigen
- Auch an Besonderheiten denken (z. B. Rückstellung beim Kreiswehrersatzamt beantragen etc.)
- Verbindlichkeiten kündigen (Radio- und TV-Gebühren, Zeitschriften, Abonnements etc.) schriftlich und gegebenenfalls per Einschreiben kündigen
- Mitgliedschaften (Vereine usw.) schriftlich kündigen

- Telefonvertrag schriftlich kündigen (einen Termin *nach* dem Auszug nennen)
- Gesundheitscheck für alle Familienmitglieder organisieren
- Wichtige medizinische Dokumente z.B. Röntgenbilder von Ärzten/Kliniken anfordern
- Informationen über Impfvorschriften einholen, Impfungen erneuern, Impfpass erstellen lassen
- Dienstleistungen schriftlich und fristgerecht kündigen (Lieferservice, Abonnements)
- Liste des Inventars (insbesondere der Umzugsgüter) anlegen, am besten mit Rechnungskopien, Fotos (für Versicherungen)
- Finanzentscheidungen treffen, Versicherungen kündigen, ändern, neu schließen
- Kindergeldregelung im Zielland prüfen (bei EU-Mitgliedstaaten)
- Kontoführende Institutionen schriftlich benachrichtigen, Kontoauflösung auf einen Zeitpunkt drei Monate nach Auszug festlegen
- Konditionen von Banken und Kreditinstitutionen im Zielland einholen
- Zollbestimmungen für die Einfuhr von Fahrzeugen, Elektogeräten, Software
- Fahrzeugexport, -verkauf oder -unterbringung organisieren
- Gegebenenfalls neuen Arbeitsvertrag schließen
- (Rest-)Urlaube/Sonderurlaube beantragen
- Offene Punkte mit der Personalabteilung besprechen
- Gegebenenfalls Arbeitsvertrag kündigen
- Behörden und Institutionen im neuen Land informieren (Kammern, Ämter etc.)
- Ausreiseordner anlegen (Rechnungen, Checklisten)
- Sicherheitsdepot (Schließfach, Safe) für Originaldokumente anlegen und Sicherungskopien für Ausreiseordner anlegen
- Flüge/Überfahrten buchen
- Vorübergehende Unterkunft (z. B. Hotel) vom Auszug bis zur Abreise in Deutschland und von der Ankunft bis zum Einzug im Zielland organisieren, gegebenenfalls Miet- oder Leihwagen im Zielland besorgen
- Abschiedsparty und -touren organisieren
- Umzugsgüter versichern
- Adressliste mit wichtigen Kontaktdaten (Anschrift, Botschaft, Arbeitgeber etc.) vorbereiten und bei Verwandten und Freunden hinterlassen
- Checkliste auf offene Punkte prüfen, Zeitleiste kontrollieren

Vier Wochen vor der Ausreise

- Auftrag an Spedition erteilen oder Helfer für den Umzug organisieren (Auszug und Abreise zeitlich auseinander, also nicht auf einen Tag legen)
- Aufträge an Handwerker erteilen
- Überlegen, wohin die Pflanzen verschenkt werden
- Reinigung organisieren
- Nachsendeaufträge bei der Post erteilen
- Medikamente, die regelmäßig benötigt werden, in ausreichenden Mengen besorgen und sich nach Einfuhrbestimmungen erkundigen
- ggf. zum Zahnarzt gehen, Ersatzbrillen besorgen, Reiseapotheke zusammenstellen
- Kartons (mehr als man zu brauchen meint!)/beschriftbare Klebebänder (mit Abroller) und/oder Etiketten, dicke Filzschreiber für den Umzug besorgen
- Packpapier, Blasenfolie oder Zeitungspapier zum Einwickeln besorgen
- Große Müllsäcke als staubdichte Verpackung und zum Wegwerfen besorgen
- Personenwaage für Kartonkontrolle (15–20 kg pro Karton)
- Werkzeug zur Demontage von Lampen und Möbeln organisieren (Akkuschrauber, Bohrmaschine etc.), Zollstöcke/Meterbänder bereit halten
- Tragegurte, Rollwagen organisieren
- Müllabfuhr/Sperrmüll benachrichtigen
- Abschlussrechnungen (Dienstleister, Ärzte etc.) anfordern
- Einreisepapiere prüfen
- Vorübergehende Unterkunft verifizieren (Hotelbuchung bestätigen etc.)
- Landkarten und Stadtpläne für den Zielort organisieren, wichtige Adressen (Wohnort, Arbeitgeber, Schule) einzeichnen und den Kindern zeigen
- Netzadapter oder gegebenenfalls Spannungsumwandler besorgen
- Geliehene oder verliehene Dinge (Bücher, CDs) zurückgeben oder -fordern
- Kleider in die Reinigung geben/aus der Renigung holen
- Termin mit Vermieter für Wohnungsübergabe vereinbaren
- Checkliste auf offene Punkte prüfen, Zeitleiste kontrollieren
- Eine gute Idee ist es übrigens, vor der Ausreise ein E-Mail-Konto anzulegen, auf das man weltweit Zugang hat (*www.web.de, www.yahoo.de, www.hotmail.de, www.gmx.net/de* u. ä.). An diese Mailadresse können Sie alle wichtigen Informationen, wie eingescannte Bilder von Pässen, Stammbuch usw. schicken, die sich so nach einem Verlust leichter ersetzen lassen. Natürlich sollten Sie dabei aufpassen, dass die Zugangsdaten des E-Mail-Kontos nicht in falsche Hände geraten.

- Einwohnermeldeamt schriftlich benachrichtigen

- Abmeldung bei den Versorgern (Gas, Wasser, Strom) bzw. Übergaben regeln

- Schriftliche Vollmacht an eine Vertrauensperson oder den Anwalt ausstellen, falls Dinge in Abwesenheit geregelt werden müssen

- Relevante Zahlungen leisten oder organisieren

- Nachbarn und Hausmeister über Umzugstag informieren

- Kinderkoffer mit Kuscheltieren, Lieblingsspielzeugen, CDs, Süßigkeiten packen

- Wichtige Reiseunterlagen beiseite legen (Tickets, Originaldokumente, Kontakt-adressen/Telefonbuch, Rechnungen, Medikamente, Geld, Kleidung)

- Elternkoffer packen (und Kleidung für die Reise beiseite legen)

- Unterbringung für Kinder und Tiere am Umzugstag organisieren

- Verabschiedungen (Schule, Kindergarten, Arbeitgeber) einplanen

- Schlüssel, Ausweise zurückgeben

- Hotel, Flug rückbestätigen

- Transport zum Flughafen/Bahnhof in Deutschland und im Zielland organisieren

- Neues Zuhause checken: alles vorbereitet? Putzhilfe für Einzug und Telefonverbin-dung (Mobil oder Festnetz) organisieren, Schlüsselübergabe organisieren

- Checkliste auf offene Punkte prüfen, Zeitleiste kontrollieren

Eine Vorlage dieser Checkliste zum Ausdruck finden Sie auf der beiliegenden CD.

Tipps für die optimale Vorbereitung

◌ Sammeln Sie Informationen: so viele wie möglich und aus verschiedenen Quellen (Literatur, Internet, Kollegen, andere Entsandte, Berater/Coaches, Relocation Agenturen etc.)

◌ Treffen Sie eine gemeinsame Entscheidung: man sollte sich als Paar oder Familie einig sein über die individuellen Konsequenzen. Für Mann, Frau und Kinder stehen jeweils verschiedene Themen an. Insbesondere für die meist weib-lichen Ehepartner ist der Schritt ins Ausland die größere Herausforderung, da die Fortsetzung der eigenen beruf-lichen Laufbahn nicht gewährleistet ist.

- Verschaffen Sie sich einen persönlichen Eindruck: Sehr sinnvoll ist ein „Look-and-See-Trip" bzw. Orientierungstrip. Vor Ort können gemeinsam mit der lokalen Relocation Agentur die Wohngegenden und Institutionen angeschaut werden.

- Gehen Sie zielorientiert vor, aber bleiben Sie flexibel: Man braucht eine hinreichend präzise Vorstellung von dem, was man im Ausland will (Wohnraum, Gegend etc.), ohne festgefahren zu sein. Klare Kriterien helfen, die zumeist unter Zeitdruck zu treffenden Entscheidungen leichter zu fällen.

- Denken Sie auch an Notfälle: Darüber wird nicht gerne nachgedacht, aber die Experten wissen aus Erfahrung, man sollte auf alles gefasst sein. Treffen Sie Vorsorge, falls Sie durch eine Krankheit geschäftsunfähig werden oder einer der Partner verstirbt (→ S. 114 f.).

- Berücksichtigen Sie bereits jetzt Ihre Rückkehr: So schwer es bei der Abreise auch fällt, Sie sollten schon jetzt an eine eventuelle Rückkehr denken. Für viele Entscheidungen, die zu treffen sind, ist es hilfreich, sich ein Szenario zu überlegen. Wenn man z. B. Wohneigentum hat und dieses vermieten möchte, ist bereits bei Vertragsschluss zu überlegen, wie die Vermietung gestaltet werden kann, damit das Haus oder die Wohnung bei der Rückkehr wieder frei ist. Wird man entsandt, gibt es von den Firmen oft gute Hilfen für die Ausreise, aber weit weniger Unterstützung bei der Rückkehr. Hier sind viele Familien auf sich gestellt.

„Gut Ding will Weile haben", heißt ein deutsches Sprichwort. Das gilt auch für die Vorbereitung eines Auslandsaufenthaltes. Je früher Sie beginnen, desto mehr setzen Sie sich mit den beschriebenen Themen auseinander und umso weniger vergessen Sie. Nutzen Sie einen Notizblock für die ganze Familie, in den jeder das aufschreibt, was ihm wichtig ist, was er nicht vergessen darf, oder einfach nur das, was ihm durch den Kopf geht. Bei allen Tips und Vorbereitungen trainieren Sie vor allem aber auch Ihre persönliche Flexibilität. Viele Kulturen pflegen einen anderen Umgang mit der Zeit, als wir es hier in Deutschland gewohnt sind. Die Kausalität Pünktlichkeit ist gleich Respekt gilt absolut nicht weltweit sondern fast ausschließlich in Deutschland. Da kann es schon mal sein, dass Sie von einer spanischen Firma nur durch mehrmaliges Nachhaken oder erst nach sechs Wochen Wartezeit eine Antwort auf Ihre Frage bekommen.

Endlich am Ziel – Was nun?

Was ist Reisen? Ein Ortswechsel?
Keineswegs! Beim Reisen wechselt man
seine Meinungen und Vorurteile.
Anatole France

Dann ist es endlich geschafft, Sie sind im Ausland. Doch noch sind Sie nicht vollständig angekommen. Der Hausstand fehlt noch, kommt mit dem Container oder per Schiff nach, und die Zimmer sind noch nicht eingerichtet. Möglicherweise kennen Sie schon den Arbeitsplatz, aber das meiste ist neu. Die Herausforderungen sind von Kultur zu Kultur unterschiedlich. In manchen Ländern ist es die Gesundheitsversorgung und fehlende Infrastruktur, in anderen die Sicherheit oder sind es die Preise für Wohnung bzw. Haus. Vielleicht ist das politische Klima angespannt. Und schließlich haben Sie noch wenig Erfahrungen, wo und wie genau die Bedürfnisse des Alltags zu organisieren sind: Frisör, Reinigung, Arzt oder Lebensmittelversorgung. Das Ankommen ist ein längerer Prozess der Orientierung und Gewöhnung.

Ehemalige Entsandte, Coaches, interkulturelle Trainer und Relocation-Spezialisten sind sich einig: Die wahren Herausforderungen eines längern Auslandsaufenthaltes liegen in der Bewältigung des Alltags. So kann man in Sydney im Sommer oft nicht ohne Sonnenbrille und Sonnencréme mit Schutzfaktor 30 losgehen. In Burundi kann man das Haus nicht ohne Chauffeur verlassen und muss die liebgewordene Gewohnheit des Spazierganges aufgeben. An anderen Orten begegnen Sie auf Schritt und Tritt bettelnden Waisenkindern und müssen sich an den täglichen Anblick von Armut gewöhnen. Oder Sie können einfach nur Ihren früheren sportlichen Aktivitäten nicht mehr nachgehen.

Gefragt nach den typischen Fallen eines geplanten Auslandsaufenthaltes, antworten Experten einstimmig, dass es viele Hürden zu meistern gebe. Vor allem muss man sich an die vielen kleinen Unterschiede gewöhnen. Alles ist kleiner, größer oder anders als gewohnt oder erwartet. Das mag zu Beginn aufregend und abenteuerlich sein, kann aber zur Belastung werden, weil Sie sich in so vielem umgewöhnen müssen. Die Sinne haben andere Gewohnheiten gespeichert. Neuartige Gerüche und Geräusche umgeben sie, vertraute Rituale und Lebensmittel fehlen.

Eine Familie, die nach Bangalore in Indien umgesiedelt ist, genoss sofort das angenehme Klima, das selbst in der Monsunzeit dort herrscht. Zugleich musste sie sich an die verhältnismäßig großen, aber harmlosen wiewohl unausrottbaren Ameisen in der Wohnung ebenso gewöhnen wie an den täglichen Besuch von wildlebenden Affen auf der Terrasse. Dort durfte man folglich nichts liegenlassen, sonst wären das Lieblingsspielzeug des Kindes oder der Palm mit den wichtigen Terminen weg gewesen. An die regelmäßigen Stromausfälle gewöhnte man sich dank eines Generators in der Wohnanlage schnell, nicht jedoch an den permanenten Geräuschpegel des Straßenverkehrs. Was anfangs noch als exotische Geräuschkulisse wahrgenommen wurde, entpuppte sich nach einer Weile als Stressfaktor, da es unmöglich war, sich darauf einzustellen. Als Ausgleich dienten bezahlbare Dienstleistungen, wie regelmäßige Besuche im Schönheitssalon oder Massagen. Die Umgewöhnung war für diese Familie durchaus bereichernd, aber eben auch anstrengend.

Viele der Ausgereisten ärgern sich über die Bürokratie und die ungewohnten Regeln des jeweiligen Ziellandes, mit der sie sofort konfrontiert werden, weil es anfangs viel zu verwalten gibt. Ist schon die eigene Bürokratie für die meisten ein lästiges Übel, so sind die administrativen Erfordernisse fremder Kulturen noch schwerer nachzuvollziehen. An folgende Punkte sollten Sie denken:

- Immigrationsverpflichtungen prüfen, gegebenenfalls Follow-up bei Behörden
- vorläufige/permanente polizeiliche Anmeldung am Wohnort (sofern nötig)
- Anmeldung bei neuen Versorgern (Gas, Strom, Wasser) organisieren
- Umzugsschäden protokollieren und melden
- Sich mit der Umgebung vertraut machen
- Bei Nachbarn vorstellen
- Den Kindern Umgebung, Nachbarn, Wege, Schule zeigen und die Kinder vorstellen
- Willkommensparty organisieren
- Eintritt in Freizeitclubs prüfen
- Bankkonto eröffnen
- Radio/TV anmelden
- Verhalten für medizinische Notfälle vorbereiten: Adressen und Zugänge zu Krankenhäusern und Ärzten prüfen
- Prüfen, ob Versicherungen für Haustiere nötig sind
- Importe, Zollformalitäten prüfen
- Offene Punkte in Deutschland prüfen
- Kontaktpersonen im Zielland nach Alltagsabwicklungen befragen

Eine Vorlage dieser Checkliste zum Ausdruck finden Sie auf der beiliegenden CD.

Allen Checklisten zum Trotz wird es eine Reihe von Dingen geben, an die Sie nicht gedacht haben. Da kommt in Indien noch jemand an die Haustüre, um die Gebühren für Kabelfernsehen und Strom zu kassieren und Sie haben nicht genügend Bargeld da. Oder man ist in Vancouver zwei Tage auf der Suche nach einem Altpapiercontainer, weil man wie selbstverständlich gewohnt Papier und Karton gesammelt hat. Natürlich gibt es auch positive Überraschungen: Handwerkerdienstleistungen am Wochenende, mit denen man nicht gerechnet hatte oder Nachbarn, die wie selbstverständlich die eigenen Kinder mitversorgen.

1 | Beziehungspflege im Ausland: Kontakt zu mehreren Kulturen

Wenn Sie am Zielort angekommen sind, beginnt die eigentliche Herausforderung – die Integration. In dieser Situation ist es hilfreich, Ansprechpartner für alle praktischen und persönlichen Fragen zu haben, bevor sich Irritationen zu Problemen auswachsen. Bei der deutschen Außenhandelskammer kann man zwar um Hilfe anfragen, aber der Unterstützungsgrad variiert von Land zu Land. Wenn man schon Vorausgereiste aus Deutschland kennt, werden diese Personen zu wichtigen Ratgebern. Aber man sollte auch andere Quellen nutzen, um unterschiedliche Informanten zu haben und nicht zuletzt, um gleich Kontakte zu knüpfen. Clubs und andere Netzwerke von bereits vor Ort zusammengeschlossenen Deutschen und Ausländern bieten mit Veranstaltungen und informativen Internetseiten erste Hilfestellungen. Der Nachteil ist natürlich, dass man schnell wieder unter sich ist. Bestimmt finden sich unter den Nachbarn hilfsbereite Einheimische. Und an lokalen Treffpunkten wie Kneipen und Restaurants kann man Bewohner kennenlernen. Sie werden eine ganze Weile in einer „Zwischenwelt" leben, denn jetzt gehören Sie mehreren Kulturen gleichzeitig an: der deutschen, die der eingereisten Ausländer und natürlich wollen Sie sich in die Kultur integrieren, die Sie als Zielland gewählt haben. Sicherlich haben Sie sich auch vorgenommen, mit den engsten Freunden zu Hause Kontakt zu halten und versprochen, Bilder und Berichte zu schicken. Selbstverständlich wollen Sie auch neue Menschen aus dem Gastland kennenlernen. Und schließlich erhalten Sie oft Kontakte zu anderen Deutschen bzw. Ausländern, die Netzwerke bilden. Das ist kein leichter Balanceakt, Sie haben viel zu organisieren.

Wir empfehlen eine dreifache Strategie:
1. *Konzentration* auf die Zielkultur (→ S. 105)
2. *Kontaktpflege* mit der deutschen Kultur und den Daheimgebliebenen (→ S.107)
3. *Netzwerkaufbau* mit anderen Deutschen und Ausländern in der Zielkultur (→ S. 110)

Strategie 1:
Konzentration auf die Zielkultur

◖ Schaffen Sie sich und Ihren Lieben mit einigen vertrauten Gegenständen ein gemütliches Zuhause, damit Sie einen Ort haben, an dem Sie und gegebenenfalls die Familie sich wohlfühlen und an den Sie sich zurückziehen können.

◖ Erkundigen Sie sich nach den wichtigsten Anlaufstellen für die Versorgung im täglichen Leben, aber auch vorsorglich für Notfälle (Apotheken, Ärzte, Hospitäler) und notieren Sie Namen und Adresse in der Landessprache

◖ Machen Sie sich so schnell wie möglich mit den Nachbarn bekannt und stellen Sie sich vor. Knüpfen Sie Kontakte an allen Orten, die sich Ihnen bieten.

◖ Beteiligen Sie sich an Freizeitaktivitäten der Einheimischen und nehmen Sie an Veranstaltungen in der Nachbarschaft, der Schule oder Gemeinde teil.

◖ Feiern Sie an lokal bedeutsamen Fest- und Feiertagen mit den Einheimischen und lernen Sie die Traditionen kennen.

◖ Informieren Sie sich, und nutzen Sie gegebenenfalls Weiterbildungsangebote, Kurse etc. von einheimischen Anbietern.

◖ Engagieren Sie sich auch in Verbänden, Vereinen oder gemeinnützigen Organisationen vor Ort, bzw. werden Sie Mitglied von Vereinen, Sportklubs, Netzwerken usw.

◖ Nehmen Sie Sprachunterricht, und suchen Sie sich gezielt Konversationspartner (gegebenenfalls können Sie ein Tandem organisieren, also Konversation im Austausch Deutsch gegen die Sprache des Gastlandes).

◖ Nutzen Sie die lokalen Medien (Radio, TV) für Nachrichten und zum Erlernen der Sprache.

◖ Abonnieren Sie eine lokale oder gegebenenfalls englischsprachige Zeitung vor Ort.

◖ Laden Sie Arbeitskollegen und Einheimische gemäß den lokalen Gepflogenheiten ein.

Anfangs erscheint es Ihnen leicht, Kontakte zu Einheimischen zu bekommen. Sie genießen einen Exotenstatus, und die Menschen interessieren sich für die Geschichten, die Sie aus Deutschland zu erzählen haben, die Vergleiche, die Sie zum Zielland anstellen, und Ihre Person sowie die Motive Ihres

Kulturwechsels. Diesen Schwung sollten Sie zusammen mit den vielen Erledigungen und Erkundigungen, die Sie zu bewerkstelligen haben, nutzen, um der neuen Kultur und ihren Bewohnern näherzukommen. Lassen Sie sich nicht nur einladen, sondern erwidern Sie auch die Einladungen.

Abhängig von der Zielkultur kann die Frequenz der Einladungen der Einheimischen dann jedoch nachlassen, denn die Einheimischen sind ihren eigenen Kreisen, Familien und Freunden verpflichtet, in die man nur nach und nach Aufnahme findet. Diejenigen, die durch Arbeit, Universität oder andere institutionelle Anbindungen schon Kontakt zu lokalen Einwohnern haben, müssen nicht so sehr nach Orten suchen, wo sie Menschen näher kennenlernen können. Sie sollten allerdings herausfinden, wie man Kontakte knüpft und Beziehungen aufbaut, da dies bekanntlich in jedem Land unterschiedlich ist. Für alle anderen, die Arbeitsuchenden, die mitgereiste Partnerin oder die Kinder heißt es, Kreise zu suchen, in denen man Kontakte und Freunde finden kann.

Nehmen Sie eine ehrenamtliche Tätigkeit an, sei es im Sport, in der Nachbarschaft. So lernen Sie neue Leute kennen und erhalten in den von Ihnen gewählten Bereichen einen tieferen Einblick in die fremde Kultur. Sie tragen außerdem aktiv zum interkulturellen Austausch bei, finden neue Freunde und ernten die Anerkennung und den Respekt der Einheimischen. Die Zeit im Ausland kann auch eine ausgezeichnete Gelegenheit sein, sich persönlich und beruflich weiterzubilden. An Universitäten, Abendschulen und über das Internet haben Sie viele Möglichkeiten zur Auswahl. Pflegen Sie vernachlässigte Hobbys oder legen Sie sich neue zu. Experimentieren Sie mit Ihren verborgenen Talenten, und haben Sie vor allem Spaß. Ihre Kinder werden relativ einfach Freunde finden, denn in der Schule haben sie direkt die Möglichkeit dazu. Viele internationale oder die deutschen Schulen vor Ort haben eine breites Angebot an außerschulischen Angeboten, sei es Sport, Kunst oder Musik. Auch Vereine vor Ort oder ein Chor für Ihr Kind, weil es gerne singt, sind ideal für erste Freundschaften. Marius beispielsweise, der mit seinen Eltern nach Südafrika gezogen ist, spielt in einem Orchester Trompete. Er war in Deutschland schon in einem Musikspielzug und führt nun sein Hobby auf eine andere Art und Weise weiter. Mit ihm sind noch zwei andere Zugereiste dabei; alle anderen sind Einheimische. Und über die Musik kann man sich auch ohne perfekte Sprachkenntnisse vorzüglich unterhalten. Fragen Sie am besten Ihre Nachbarn oder andere Familien, die schon vor Ort sind, nach Freizeitmöglichkeiten für sich und Ihre Kinder.

Die zweifellos beste Art der Integration ist es, die Sprache zu lernen. Schon einzelne Grußworte und Phrasen werden als Geste von den Einheimischen positiv wahrgenommen. Vor allem, wenn man einen Zugang zur Kultur bekommen möchte, empfiehlt sich das Erlernen der Sprache. Wie heißt es so schön: „Jede Sprache schenkt dir ein Volk" (Ptolomäus XII zu Kleopatra).

Strategie 2:
Kontaktpflege mit der deutschen Kultur und den Daheimgebliebenen

Nach der Eingewöhnungsphase ist es nun an der Zeit, sich auch um die deutsche Kultur und alte Kontakte in der Heimat zu bemühen. Denn die ersten Wochen und vielleicht auch Monate, die wie im Flug vergehen, werden von Seiten der deutschen Freunde als Pause „genehmigt". Fast jeder kann sich vorstellen, dass man eine Weile braucht, um sich zu organisieren und akklimatisieren. Wenn Sie sich nun aber nicht bemühen, gilt leider häufig die Regel: „aus den Augen, aus dem Sinn". So kühl es klingen mag, aufgrund der begrenzten Zeit, die Sie haben werden, um in das Leben im Ausland einzutauchen und mehrere Beziehungskreise zu pflegen, ist genau zu überlegen, mit wem und wie Sie Kontakt halten möchten. Zwar machen es die modernen Kommunikationsmedien möglich, günstig zu telefonieren, per Email schnelle Nachrichten auszutauschen oder sich gar über Videotelefonie zu sehen, doch nicht jeder Mensch bevorzugt die elektronischen Hilfsmittel. Manche sind gerne per SMS mit ihren Freunden verbunden, anderen ist die Tipperei fremd und zu umständlich, sie lieben Briefe oder die vertraute Stimme. Hier bei jedem den richtigen Kanal zu treffen, ist eine Kunst. Denn Hand aufs Herz, wie oft greifen Sie zu Stift und Papier, um Briefe oder Karten zu schreiben? Telefonieren ist einfacher? Nicht unbedingt, denn bereits eine Zeitverschiebung von dreieinhalb Stunden, wie zwischen Deutschland und Indien, kann ein Hindernis darstellen. Wenn es während der Arbeitszeiten keine Möglichkeit zum Telefonieren gibt, bleiben nur die wenigen Morgen- oder Abendstunden, bevor man selber oder die Daheimgebliebenen ins Bett oder zur Arbeit gehen. Viele Menschen brauchen darüber hinaus aber auch immer noch persönliche Treffen, um eine Beziehung zu pflegen – und da hilft nur reisen.

Die Kunst liegt darin, die Kommunikationsformen so zu organisieren, dass die reale Distanz in eine gefühlte Nähe umgewandelt wird. Zwar bedeutet dies einerseits einigen Aufwand, doch wenn der Kommunikationsmix erst einmal funktioniert, stellen Zeit und Raum keine Beschränkungen mehr für Ihr Beziehungsnetz dar. Machen Sie aus der Kontaktpflege keinen „Akt", es müssen nicht immer lange Telefonate oder Briefe sein. Kleine Botschaften von wenigen Zeilen, ein Zweiminutentelefonat und SMS zeigen auch: wir denken an und leben mit euch. Besonders bedeutsam ist das Mitteilen des Alltags, der kleinen Erlebnisse und Fragen. Kontaktieren Sie daher lieber häufiger und in kleineren „Portionen". Das verringert die Schwelle und verändert auch die Kommunikation. Aus dem Erzählen, das oft eine Form von Reisebericht hat, wird dann ein Teilen von alltäglichen Erfahrungen und damit Nähe.

Weil er alltäglich auf dem Weg zur und von der Arbeit länger im Stau stand, hat Holger K. sich in Südkorea eine günstige Prepaid-Karte für sein Mobiltelefon gekauft und die Zeit genutzt, um die beiden engsten Freunde in Deutschland mindestens einmal pro Woche anzurufen. Sie mussten sich an die nicht optimale Verbindung und den Straßenlärm im Hintergrund erst gewöhnen. Nach einer Weile jedoch stellten die Freunde und er lachend fest, dass sie mehr Kommunikation und Austausch hatten als in der Zeit, als er noch in Deutschland war. Die Distanz zwischen Korea und Deutschland wurde kaum noch gefühlt.

Überraschen lassen darf man sich schließlich davon, welche Freunde wirklich bleiben oder erst richtige Begleiter werden – und welche verloren gehen. Diese Entwicklung hat weniger etwas mit Bemühen oder mangelnder Wertschätzung seitens der Daheimgebliebenen zu tun, als vielmehr mit dem individuell unterschiedlichen Vermögen, Entfernungen durch Begegnungen auf andere Weise zu ersetzen.

Tipps für die ersten 100 Tage im Ausland

- Vervielfältigen Sie Ihre Kommunikationsgewohnheiten: Schreiben, Telefonieren, E-mails schicken, SMS, Videotelefon über Computer. Je mehr Kanäle Sie haben, desto leichter fällt die Beziehungspflege.
- Finden Sie heraus und sprechen Sie darüber, welche Kommunikationsformen wem liegen.
- Machen Sie sich einmal die Mühe, die verschiedenen Möglichkeiten leicht zugänglich bereitzustellen. Schaffen Sie sich z. B. einen Platz im Wohnraum, an dem immer Karten, Adressen, Adressaufkleber und Briefmarken für eine schnelle Botschaft bereitliegen, besorgen Sie sich einen günstigen Internet- und Telefontarif, richten Sie den Computer so ein, dass Sie über Internet telefonieren können, legen Sie sich gegebenenfalls mehrere Mobiltelefone bzw. Sim-Karten mit günstigen Tarifen für unterschiedliche Regionen zu.
- Schaffen Sie Rituale: Rufen Sie beispielsweise immer samstags nach dem Einkaufen Ihre beste Freundin an, Sie werden sehen, wie nah man dabei bleiben kann.
- Bleiben Sie in Kontakt mit den Entwicklungen in der Heimat und lesen Sie eine Ihrer bisherigen Zeitungen (z. B. im Internet) oder schauen Sie über Satellitenfernsehen ein Programm aus Deutschland.
- Genießen Sie Fotos, Bücher, Videos, Kassetten oder Musik aus Ihrem Herkunftsland, tauschen Sie mit Ihren Freunden Filme oder Musik gegen Beispiele aus der Zielkultur.
- Hängen Sie bei größerer Zeitverschiebung in Ihrer Umgebung eine Uhr mit deutscher Zeit auf, und regen Sie umgekehrt Ihre Verwandten und Freunde in Deutschland an, eine Uhr mit „Ihrer" Zeit aufzuhängen.

○ Schenken oder organisieren Sie sich mit Ihren engsten Kontaktpersonen Computerkameras (Webcams) und installieren Sie ein Programm, mit dem Sie sich beim computervermittelten Gespräch wechselseitig sehen können. So kann man ganze Abende in virtueller Gemeinschaft verbringen.

 Installieren Sie eines der kostenlosen VoIP Programme (Voice over IP), die man zum Telefonieren, Chatten und Videotelefonieren verwenden kann:
www.skype.com, www.gizmoproject.com, www.jajah.com

Strategie 3:
Netzwerkaufbau mit anderen Deutschen und Ausländern in der Zielkultur

Im Ausland findet man ohne großen Aufwand schon qua Status zu einer dritten Gruppe von Menschen leicht Kontakt: zu anderen Zugezogenen. Zum einen wird man schnell auf gegebenenfalls vor Ort wohnende andere Deutsche hingewiesen, zum anderen schließt man sich problemlos mit anderen Ausländern im Allgemeinen zusammen, weil man mit ihnen Fragen oder Erfahrungen teilen kann. Die Frage, die sich beim Aufbau dieses Beziehungsnetzwerks stellt, ist eher, wann und wie stark pflegt man den Umgang, und wie intensiv schließt man sich diesen Gemeinschaften an.

Da gibt es z. B. die deutschen „Communities" oder internationale Organisationen, an die man sich wenden kann. Denn fast überall im Ausland sind Zugezogene in organisierter Form zu finden. Der „Deutsche Frauenclub" in Hongkong, die „Katholischen Kirchengemeinden", der „International Women's Club Sofia" oder der „Lion's Club" sind nur einige Beispiele von Organisationen im Ausland, die eine kleine Oase schaffen. Bei den national organisierten Vereinigungen werden die Mitglieder eher ihre Traditionen pflegen oder einfach nur Kontakte knüpfen. Für die Deutschen bedeutet dies, eine Gesellschaft zu haben, in der sie sich kulturell sicher fühlen und verstanden werden. Hier muss man sich nicht anpassen, kann endlich einmal Schwarzbrot essen oder sich einfach nur der „deutschen Gemütlichkeit" hingeben. Fast alle, die im Ausland leben, sehnen sich über kurz oder lang nach etwas „Deutschem" an ihrem Wohnort. Denn es ist so wie bei vielen Dingen: Was man nicht mehr hat, das vermisst man auf einmal. „Deutsch" wird man erst im Ausland. Diese kurzen kulturellen Entlastungen sind wichtig, Sie sollten sie sich gönnen.

Manche empfinden eine Abneigung gegen solche „Clubs", da sie die Erfahrung gemacht haben, dass die Mitglieder sich mehr abgrenzen als integrieren möchten. Sie pflegen eher ihre alten Gewohnheiten und klagen darüber, dass sie in dem Land, in dem sie jetzt wohnen, eben nicht das haben, was sie aus ihrer Heimat kennen. Man hört diese Erfahrung immer wieder von einigen Ausgereisten, die schon mehr als ein Jahr im Ausland leben und noch nie an Veranstaltungen der Einheimischen teilgenommen haben. Sie lernen weder die Landessprache noch interessieren sie sich für ihr Umfeld. Für sie sind deutsche oder internationale Gemeinschaften, so unterschiedlich sie auch auf der ganzen Welt sind, überlebenswichtig.

Wir empfehlen, dass Sie sich nicht auf ein Schwarz-Weiß-Denken einlassen; es gibt auch andere Deutsche in den deutschen Clubs und kosmopolitische Ausländer. Der einzige Ratschlag, der dazu sinnvoll zu geben ist, heißt, die Extreme zu vermeiden. Geben Sie deutschen Gesellschaften eine Chance, und genießen Sie das Stückchen Heimat in der Fremde. Schauen Sie sich Clubs, in denen andere Ausländer organisiert sind, einmal an, und finden Sie Gleichgesinnte. Ohnehin ist es längst ein ganz eigener Ort geworden, an dem Sie sich bewegen. Es handelt sich weder um die Zielkultur noch um Deutschland, sondern Ihr Leben spielt sich auch in einem neuen internationalen Raum ab. Es lohnt sich, nicht nur mit Deutschen im Ausland, sondern in transnationalen Gemeinschaften mit anderen eingereisten Europäern oder einfach „Ausländern" als solchen Kontakte aufzubauen.

Das Ehepaar K. z. B. erinnert sich mit großem Vergnügen an seine erste Zeit in den USA. Damals haben sich beide Partner mit ebenfalls zugezogenen mittel- und lateinamerikanischen Arbeitskollegen des Mannes und deren Partnerinnen regelmäßig zum Salsatanzen getroffen und eine „großartige Zeit" gehabt. Die Gemeinsamkeit ist, in der Fremde zu sein, sich zurechtfinden zu müssen und unter Umständen in mehreren Ländern zu leben. Dabei kann man interessante Lebenswege kennen lernen und – da Ausländer oft weiterreisen – Freundschaften über den ganzen Globus knüpfen. Bei ihnen war es so, dass diese gute Erfahrung mit den Latinos sie einerseits ermutigt hat, eine weitere Entsendung nach Honduras zu akzeptieren, zum anderen war es anschließend vor allem für Frau K. leichter, in die Familienphase einzutreten, welche den Lebensradius erfahrungsgemäß etwas einschränkt.

Tipps

- Nutzen Sie Kultur- und Weiterbildungsangebote von Heimatorganisationen, z. B. die Angebote der weitverbreiteten Goethe Institute.
- Leben Sie Ihre Heimat auch vor Ort, indem Sie deutschen Vereinigungen beitreten oder diese besuchen.
- Wählen Sie deutsche Feier- und Festtage sowie Familientraditionen aus, um Sie miteinander zu feiern.
- Besuchen Sie Treffpunkte, Clubs oder Ereignisse, bei denen Sie anderen Ausländern begegnen können, und genießen Sie den internationalen Lebensstil.
- Suchen Sie im Internet nach Weblogs, also Tagebüchern anderer Ausländer in Ihrem Gastland, dort erhalten Sie interessante Informationen, können einen Erfahrungsabgleich machen und noch weitere Kontakte knüpfen.
- Suchen Sie sich eine Organisation vor Ort, zu der Sie einen inhaltlichen bezug haben. So können Sie z.B. als Marketingfachmann einen Marketingclub aufsuchen. Über gemeinsame Themen kann man am Besten Beziehungen knüpfen

Freizeit- und Kontaktlinks im Ausland

www.germanexpats.com
www.expat-blog.com
www.expatriates.com/directory/community
www.expatsingapore.com und weitere Seiten pro Stadt und Land

Mitausreisende Partner

Mitreisende Partner sollten besonders gut für sich sorgen. Der berufstätige Elternteil oder die Kinder stehen vor neuen Herausforderungen in Beruf und Schule, die Partner hingegen werden häufig in ein für sie ungewohntes Rollenverhalten hineingedrängt. Meist sind es Frauen, die im Heimatland selbst erfolgreich berufstätig waren und sich nun mit der Hausfrauenrolle abfinden müssen. Während ihnen das soziale Netz fehlt und die Decke auf den Kopf fällt, müssen der Partner und die eigenen Kinder mit der neuen Lebenssituation und dem oft unbewussten Stress umgehen. Sie reagieren deshalb bisweilen müde und gereizt, wenn sie nach der Arbeit und nach der Schule nach Hause kommen. Sprechen Sie Ihre Sorgen im Kreise der Familie an, denn nur über eine offene und ehrliche Kommunikation mit Ihrem Partner und Ihren Kindern können bestehende Probleme aus der Welt geschafft werden.

Mitausreisende Frauen müssen sich außerdem oft Schwierigkeiten und Herausforderungen stellen, die von der Kultur des Gastlandes abhängig sind. In Kulturen, die unserer westlich ausgerichteten Lebensweise ähneln, fällt das Rollenverhalten nicht so schwer wie in Ländern, deren Kultur auf einem völlig anderen Verständnis basiert. Hier müssen unterschiedliche Rollenerwartungen in erster Linie von den mitausreisenden Frauen gemeistert werden. Ausgereiste Partner stellen zudem oft fest, dass sie in erster Linie als Ausländerinnen betrachtet werden und für sie die traditionellen Barrieren nicht zutreffen. In jedem Fall sollte man sich aber mit den Konventionen des neuen Wohn- und Arbeitsortes gut vertraut machen. Denn das neue soziale Umfeld kann einen vor Herausforderungen stellen, die zusätzlichen Druck ausüben, wenn z. B. bestimmten Rollenerwartungen nicht entsprochen wird. In manchen Ländern ist es für die Frau eines Managers eher unüblich zu arbeiten, während in anderen das Engagement der Frau außerhalb des Haushalts hoch geschätzt wird. Das unkonventionelle eigene Verhalten kann dann schnell zum Gesprächsstoff in der Firma oder Nachbarschaft werden. Hier nützen Kontakte zu anderen Frauen, die in einer ähnlichen Situation sind wie Sie. Eine häufig genutzte Form, sich zu orientieren und dabei soziale Kontakte zu knüpfen, ist die ehrenamtliche Arbeit, die in jedem Gastland möglich ist und gerne angenommen wird.

2 | Vorsorge: Den Ernstfall bedenken

Sie sind gerade dabei, sich für den Alltag im Gastland einzurichten, da müssen bei Ihrer Lebensplanung leider auch die negativen Wechselfälle des Lebens bedacht werden. Insgesamt drei Aspekte halten wir für hervorhebenswert, und leider werden sie viel zu selten antizipiert.

- *Vorbereitungen auf eine krisenhafte Situationsveränderung im Zielland (→ S. 114)*
- *Der Umgang mit einer innerfamiliären oder persönlichen Krise (→ S. 117)*
- *Die unfreiwillige vorzeitige Rückkehr nach Deutschland (→ S. 118)*

Vorbereitungen auf krisenhafte Situationsveränderungen im Zielland

Eine mögliche Krisensituation ist schon im Heimatland problematisch. Erst recht im Ausland kann es für Familien problematisch werden, wenn es zu unvorhergesehenen Ereignissen kommt. Geschehnisse wie der 11. September, die SARS-Krise oder die Reaktionen auf die Mohammed-Karikaturen in Dänemark zeigen, wie schnell sich eine vermeintlich stabile politische Lage ändern kann. Als es 1989 zu Studentenprotesten in Peking kam und das Militär einschritt, wurden deutsche und andere europäische Staatsangehörige aus China ausgeflogen und viele Ausländer haben das Land, von den Ereignissen überrascht, mit nur zwei Koffern verlassen. Es ist daher ratsam, sich auf mögliche Notfälle vorzubereiten und einige Vorkehrungen zu treffen, die auch für den „Normalfall" von Nutzen sein können. Eine gute persönliche Notfall-Planung kann Ihnen im Fall der Fälle die angemessene Reaktion erleichtern.

Nehmen Sie Kontakt mit dem nächstgelegenen deutschen Konsulat oder der Botschaft auf und lassen Sie sich dort in die sogenannte „Deutschenliste" eintragen. Auf diese Weise können Sie bei Gefahrensituationen leichter informiert werden. Insbesondere in Gastländern mit erhöhtem gesundheitlichen Risiken ist empfehlenswert, die Kleinkinder anzumelden, denn die Eltern werden dann direkt über Vorsorgemaßnahmen informiert, wenn diese nötig werden. Die deutsche Auslandsvertretung spricht auch Sicherheitsempfehlungen aus.

Vorbereitung auf einen familiären Notfall

Wenn Sie bisher nicht sicher waren, ob all das wirklich nötig ist und davon ausgehen, dass Sie in ein *sicheres* Ausland ausreisen, so sollten Sie dennoch einige Überlegungen anstellen, mit denen Sie sich auf private Notfälle vorbereiten. Denn immer wieder erfahren wir, dass Familienmitglieder nicht hinreichend auf einen solchen Fall vorbereitet waren. So gibt es immer wieder Bespiele, bei denen im Fall von Erkrankung oder Tod des einen Partners der andere Partner nur über unzureichende oder gar keine Informationen über finanzielle Gegebenheiten, über Versicherungsleistungen und Versorgungsmaßnahmen verfügt. Unterschätzen Sie den bürokratischen Aufwand nicht, der in dieser ohnehin belastenden Situation auf Sie zukommt. Schon in Deutschland ist in einem solchen Fall so mancher überfordert. Dies ist erst recht im Ausland der Fall, wo Sie womöglich weniger Unterstützung haben, wo Sie die behördlichen Anforderungen nicht kennen, wo Sprach- oder Kommunikationsschwierigkeiten auftreten und wo sich das Problem einer teuren Überführungen stellt. Denken Sie daher an Folgendes:

- ○ Informieren Sie den Partner sowie die älteren Kinder darüber, wo sich die wichtigsten Unterlagen befinden.
- ○ Erläutern Sie ihnen die Versicherungen und die bereits getroffenen Vorsorgemaßnahmen.

Checkliste 7 | Vorbereitung für eine kurzfristige Rückreise

Erkundigen Sie sich bei anderen Ausländern und Kollegen über die aktuelle Sicherheitssituation und worauf man achten sollte.

Stellen Sie für jedes Familienmitglied eine Liste mit wichtigen Daten zusammen:
- Pass oder Kinderausweis: Nummer, Ausstellungsort und -datum
- Personalausweis: Nummer, Ausstellungsort und -datum
- Führerschein: Nummer, Ausstellungsort und -datum
- Bankkonten: Nummern und Details
- Kreditkarten: Nummern und Details
- Krankenversicherung: Nummer, Gesellschaft
- Rentenversicherung: Nummer
- Persönliche Versicherungen: Nummern, Gesellschaften
- Auto: Typ, Modell, Fahrzeug- Identifizierungsnummer, Kennzeichen
- Regelmäßig erforderliche Medikamente
- Daten des aktuellen Brillenrezepts
- Wichtige Telefonnummern: Arbeitgeber, Ärzte, Rechtsanwalt, Steuerberater etc.

Erstellen Sie Kopien von allen Unterlagen, aktualisieren Sie diese regelmäßig und hinterlegen Sie sie in Deutschland zusammen mit Ihren aktuellen Kontaktdaten:
- Familien-Stammbuch (Geburts- und Heiratsurkunden)
- Testament und Vorsorgeverfügungen
- Vollmachten
- Beruflich relevante Unterlagen: Lebensläufe, Zeugnisse
- Versicherungsunterlagen
- Kfz-Briefe
- Grundbuchunterlagen
- Aktiendepots
- Steuerunterlagen
- Aktuelle Zusammenstellung Ihres Hausrats
- Private Adressen und Telefonnummern
- Liste des Hausrats

Stimmen Sie ein Notfallverfahren mit Ihrem Arbeitgeber und mit Ihrer Familie bzw. Freunden ab: Wie läuft der Informationsfluss? Was ist wo zu tun?

Stellen Sie sich Ihren Nachbarn vor und machen Sie sich mit der Umgebung vertraut. Wo sind Krankenhaus und Polizei? Wie lauten Notfallnummern?

Überlegen Sie und bereiten Sie vor, was im Fall einer vorzeitigen Abreise mitgenommen werden muss. Planen Sie pro Person ein Gepäckstück ein!

Beugen Sie vor, wenn Sie Haustiere haben. Wer könnte sich kümmern? Könnten Sie sie mitnehmen?

Eine Vorlage dieser Checkliste zum Ausdruck finden Sie auf der beiliegenden CD.

- Halten Sie Ihren Willen bezüglich der eigenen medizinischen Versorgung oder Hinterlassenschaften fest (Patientenverfügung, Testament).
- Sprechen Sie, auch wenn dies kein angenehmes Thema ist, schon im Vorfeld darüber, wie Sie zur Organspende stehen.

Vorbereitung auf eine vorzeitige Rückkehr nach Deutschland

Für die ungeplante, vorzeitige Rückkehr kann es verschiedene Auslöser geben: Die Rückreise muss aus politischen Gründen erfolgen; sie ist aus emotionalen Gründen für eines der Familienmitglieder dringend erforderlich, Umfeld oder Arbeitsplatz haben sich so verändert, dass man sich nicht mehr wohlfühlt und zurück möchte, die eigenen Eltern oder andere Familienmitglieder erkranken oder brauchen Pflege; man kann aufgrund einer gesundheitlichen Einschränkung oder des fortgeschrittenen Alters, Hitze oder andere klimatische Bedingungen im Zielland nicht mehr vertragen und anderes mehr. Möglicherweise haben Sie keine Zeit mehr, sich von bestimmten Personen zu verabschieden oder Dinge zu organisieren. Überlegen Sie also im Vorfeld, was Sie benötigen könnten:

- Haben Sie alle Papiere aktualisiert und greifbar, die Sie für eine Rückkehr benötigen?
- Haben Sie einen Anlaufpunkt, kostengünstigen Unterschlupf bei Verwandten oder Freunden für eine Übergangszeit?
- Wäre geeignete Kleidung für das Klima in Deutschland greifbar und vorhanden?
- Wie wäre eine Versorgung der Kinder möglich?
- Was geschieht mit dem Hab und Gut im Gastland?
- Haben Sie den Zugriff auf Ihr Bankkonto in Deutschland griffbereit?
- Wo können Sie die Kinder für eine kurze Übergangszeit lassen oder unterbringen?

Sie sollten sich ohnehin vornehmen, in einem ruhigen Moment vor Ort einen Rückkehrplan zu erstellen. Wenn Sie diese empfehlenswerte Maßnahme treffen, sind im Ernstfall, wenn Stress und Zeitnot herrschen, nur kleine Anpassungen nötig.

3 | Kein Kinderkram: Integration der Kinder

Nicht nur die Eltern, auch die Kinder erleben im Gastland Gewinne und Verluste. Als Faustregel gilt: Im ersten Jahr konzentriere man sich auf die Integration der Kinder im Gastland, im zweiten Auslandsjahr muss für die Kinder die Heimat attraktiv gehalten werden.

Ältere Kinder leiden anfangs unter der Einschränkung ihrer Selbstständigkeit und Bewegungsfreiheit in der neuen Umgebung. Sie sind abhängiger von ihren Eltern als gewohnt und müssen erst ihren sozialen Platz erobern. Je nach Kultur kommen weitere Einschränkungen und Lebensstiländerungen hinzu. Vielleicht müssen sie jetzt jeden Tag von einem Fahrer zur Schule gefahren werden oder auf besondere Sicherheitsmaßnahmen achten. Die meisten Kinder und Jugendlichen leiden in der Eingewöhnungszeit im fremden Land unter Einsamkeit, Verlustempfinden und Angst. Die Reaktion kann aber auch Freude sein oder sich durch Trotz oder Zorn äußern. Einige integrieren sich wiederum in kürzester Zeit und werden unentbehrliche Sprach- und Kulturvermittler für ihre Eltern. Andere, vor allem im Teenageralter, verlassen sehr ungern ihr Zuhause und haben große Anpassungsschwierigkeiten. Die Reaktionen der Kinder sind schlecht vorhersehbar und folgen keiner stringenten Kurve wie der des im Weiteren beschriebenen Kulturschockverlaufs. In dieser ersten Zeit ist es wichtig, nicht zuviel Leistungsdruck auszuüben, auch wenn die schulischen Leistungen nachlassen. Insbesondere Schulkinder können Formen der trotzigen Mutlosigkeit erleben, weil sie ihre gewohnten Fähigkeiten nicht einsetzen können und neue noch nicht entwickelt haben. Dies bedeutet, dass die Eltern sich anfangs viel Zeit für die Kinder nehmen sollten, um die Eindrücke und Erfahrungen zu besprechen und angemessene Verhaltensweisen zu entwickeln. Obgleich Kinder meist offen sind und sich leichter anpassen können, brauchen sie Sicherheit und Konstanten beim Kulturwechsel.

Als hilfreich werden von den Jugendlichen sowohl Verständnis und Unterstützung hinsichtlich der eigenen Probleme erlebt, aber auch die Möglichkeit, Hobbys nachzugehen und die weitere Zukunft aktiv planen zu können.

Erfahrungen und Studien vermelden Beruhigendes. Ob Brasilien, USA, Indien, China oder Japan, die meisten Kinder gewöhnen sich gut bis sehr gut ein, wenn die Eltern mit Geduld und Einfühlungsvermögen reagieren. Nach etwa einem Jahr sind die Anfangsprobleme weitgehend verschwunden. Erleichtert wird den Kindern und Jugendlichen die Einbindung, wenn sie dabei durch Ihre Eltern unterstützt werden oder sich in einer Kirchengemeinde, in Gruppen oder Vereinen engagieren. Kinder, welche vielfach und nach kurzer Zeit immer wieder umziehen, sind meist sehr selbständig und lernen schnell tiefe Beziehungen einzugehen, jedoch auch immer verbunden mit einer latenten Angst vor Verlust und Abschied. Auch hier ist es an den Eltern, Konstanten zu schaffen. Alte Freunde, die besucht oder eingeladen werden, Erinnerungsereignisse und feste Familienzeiten können Stützpfeiler in der sich wandelnden Umgebung darstellen.

Spätestes ab dem zweiten Auslandsjahr entsteht für die Eltern die Aufgabe, die Heimat Deutschland im Bewusstsein zu halten. Da Kinder schneller die Bezugssysteme wechseln, besteht die Gefahr, dass sie sich zu sehr von der Heimatkultur entfernen und die Rückkehr somit erschwert wird. Hier empfiehlt es sich, regelmäßig Heimaturlaub einzuplanen, damit die Kinder den Anschluss halten können und mitbekommen, was zu Hause passiert. Wichtig ist dabei, Highlights einzuplanen, sodass Deutschland weiter attraktiv bleibt.

Unterstützung der Integration der Kinder

- Halten Sie an den täglichen Ritualen (Zubettgehen etc.) fest, die auch in der Heimatkultur üblich waren, führen Sie aber auch neue Gewohnheiten und Rituale ein.
- Gehen Sie mit den Kindern aus dem Haus und ermutigen Sie sie, Kontakte zu knüpfen.

- Lernen Sie gemeinsam mit den Kindern einige Sprachformeln, die dann in der Begegnung mit Einheimischen verwendet werden können.
- Schenken Sie den Kindern eine einfache eigene Kamera, mit der sie ihre Sicht der neuen Welt festhalten und gegebenenfalls an die Freunde zu Hause verschicken können.
- Ermutigen Sie die Kinder, über ihre Gefühle zu sprechen. Gehen Sie mit gutem Beispiel voran. Es belastet mehr, wenn über Irritationen, Ekel, Ängste etc. nicht gesprochen wird, als wenn man sich darüber austauscht.
- Schaffen Sie einen sicheren Ort in der Wohnung oder dem Haus, wo vertraute Kuscheltiere, Kopfkissen und Gegenstände aus der Heimat ein Rückzugsgebiet zur Erholung vom „Fremden" darstellen.
- Nehmen Sie Ängste und Irritationen der Kinder ernst, auch wenn diese in ihren Augen unbegründet erscheinen, und finden Sie gemeinsam Wege, damit umzugehen.
- Zeigen Sie Verständnis, wenn die Kinder Abneigungen und Vorurteile gegenüber ungewohnten Straßenbildern und Praktiken äußern. Sie demonstrieren damit ihre Loyalität zu den bereits internalisierten Normen.
- Schränken Sie insbesondere bei Teenagern die Selbstständigkeit nicht zu stark ein. Sie fühlen sich unter Umständen durch Hausangestellte, Ganztagsschulen und andere Regeln ohnehin stärker beobachtet als in Deutschland.

🌐 **Links für Kinder und Eltern**

Seite für Kinder, die im Ausland leben: *www.ori-and-ricki.net/german.html*

Portal für Kinder, die auf einer deutschen Schule im Ausland waren zum Kontakte pflegen: *www.auslandsschule.de*

Älteren Kindern können Sie das Anlegen eines Weblogs, also eines Tagebuchs im Internet, vorschlagen oder es mit ihnen gemeinsam führen. Hier können Erfahrungen verarbeitet und Kontakte geknüpft werden. Unter *www.global-connection.info* wird das Erstellen eines „Blogs", wie es kurz heißt, vereinfacht.

4 | Alles ist anders: Der Faktor Kultur

All die vielen noch ungewohnten Selbstverständlichkeiten sind in einem eingespielten System von Werten und geronnenen Erfahrungen zur Kultur verschmolzen, deren Sinn sich Ihnen erst nach und nach und manchmal gar nicht erschließen wird. So wird es hier eben gemacht: „Culture is the way we do things around here." Wenn man Kultur so versteht, entdeckt man ziemlich schnell, dass dazu eine Menge an gewöhnlichen Dingen des Lebens gehört: begrüßen, essen, Emotionen zeigen oder verbergen, Abstand halten oder näher kommen, Höflichkeitsrituale etc. Das meiste einer Kultur ist unsichtbar. Wenn man z. B. Menschen an einem Montag auf den Straßen einer südeuropäischen Stadt im Kreis tanzen sieht, sieht man wohl, was diese Menschen machen, aber die Bedeutung ist einem unklar. Und das ist so oft der Knackpunkt an der Sache: Man sieht viel, weiß aber nicht, aus welchem Grund die Menschen sich so verhalten. Man verwendet die eigenen kulturellen Interpretationsregeln, um sich einen Reim darauf zu machen.

Das Bild des Eisbergs verdeutlicht dies anschaulich. Die *Titanic* kollidierte mit dem unteren Teil des Eisbergs, welcher auf den Ortungsgeräten nicht angezeigt wurde.

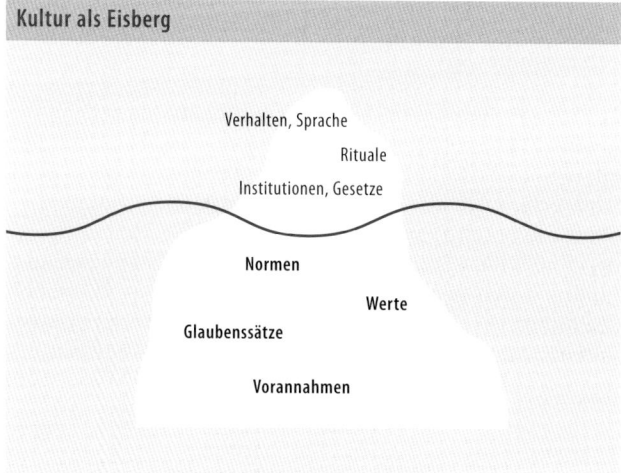

Kultur als Eisberg

Verhalten, Sprache

Rituale

Institutionen, Gesetze

Normen

Werte

Glaubenssätze

Vorannahmen

Sichtbar über dem Wasser ist alles, was unsere Sinne wahrnehmen: Sprache, Verhalten, Rituale, Bauwerke, Gesetze, Institutionen. Darunter liegen die – auf den ersten Blick unsichtbaren – Grundlagen und Hintergründe: Es sind die Werte, welche das Verhalten bestimmen, die Normen, die sich unter den Ritualen verbergen, und die Glaubenssätze und Vorstellungen, welche die Wortwahl beeinflussen. Der deutsche Händedruck z. B. ist sehr viel mehr als eine Begrüßung. Mit der Art und Weise des Zugreifens, Zudrückens und Schüttelns geben wir Auskunft, dass wir eine „selbstbewusste Persönlichkeit" sind – ein Wert, der in den westlichen Kulturen hohes Ansehen genießt. Im interkulturellen Training wird schnell deutlich, wie schwer es ist, neben den äußeren, nichtsprachlichen Ritualen den darin verborgenen Ausdruck der Werte und Normen zu lernen.

In unserem Alltag tun wir viele Dinge unbewusst und bauen auf Routine und Konventionen, auch und gerade in der Kommunikation. Im Ausland werden Sie schnell merken, wo die vertrauten Verhaltensmuster mit denen der Zielkultur kollidieren. Verhalten und Verständigung müssen zu Beginn eines Auslandsaufenthalts neu erlernt werden. Schließlich entwickeln Sie neue Routinen, die Ihnen bald in Fleisch und Blut übergehen. Das Fremde wird allmählich normal. Bekannte Verhaltensmuster werden durchbrochen, überlagert und im Laufe der Zeit vielleicht sogar verlernt.

Früher oder später ereilt die meisten Ausgereisten der „Kulturschock". Er resultiert aus der Erfahrung, dass die gewohnten Handlungsstrategien nicht mehr problemlos greifen. Vieles wird nicht verstanden oder kann nicht nachvollzogen werden. Ohne die gewohnten Signale fühlen sich viele Menschen irritiert und hilflos. Das Selbstbewusstsein leidet, es entsteht der Eindruck, man bewege sich auf dünnem Eis. Das Phänomen des Kulturschocks beschreibt den Anpassungsvorgang in der Zeit nach der Übersiedlung in einen anderen Kulturkreis.

5 | Irritiert: Der Kulturschock

Das bekannteste Kulturschock-Modell, das die Phasen der Eingewöhnung beschreibt, ist die sogenannte „W-Kurve". Auf der vertikalen Achse sind Zufriedenheit und Wohlbefinden des Individuums dargestellt, auf der horizontalen die Zeit von der Ausreise bis zur Rückkehr in die Heimat. Die Abbildung zeigt einen typischen Verlauf.

Aufbruch und Ankommen (A)

Aufregung und Unruhe prägen die Aufbruchsphase. Abschied, Vorbereitungen und praktische Vorkehrungen stehen im Vordergrund vor der Abreise. Doch die Kurve steigt, denn man freut sich auch auf die neue Kultur sowie auf Veränderungen, die mit der neuen Lebenssituation einhergehen. Die Ankunft bildet oft den Höhepunkt der Zufriedenheit: Endlich am Ziel. Der Fokus liegt auf dem Neuen. Man ist begeistert, wissbegierig und erforscht die veränderte Umwelt. Euphorisch probiert man vieles aus und findet oft alles Neue toll und spannend.

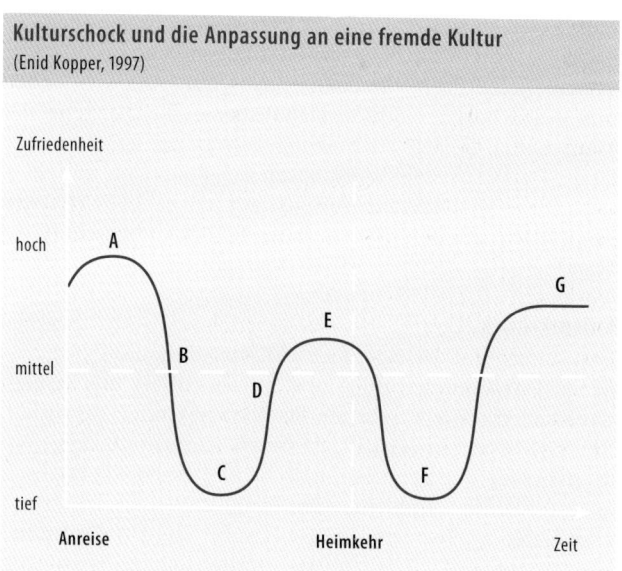

Kulturschock und die Anpassung an eine fremde Kultur
(Enid Kopper, 1997)

Zufriedenheit

hoch

mittel

tief

Anreise　　　　Heimkehr　　　Zeit

Zugleich ist man jedoch unfähig, kulturelle Unterschiede in komplexen Zusammenhängen zu verstehen, da man noch so gut wie kein fundiertes Erfahrungswissen über die Fremde hat. Manchmal wird diese Phase auch Honeymoonphase genannt, was den verklärten Zustand, den man erleben kann, treffend beschreibt.

Ernüchterung und Enttäuschung (B)

Je mehr das Neue zum Alltag wird, desto mehr ebbt die Euphorie ab. Man bemerkt plötzlich viele verwirrende, unbekannte Eigenschaften und Verhaltensweisen der Einheimischen. Die eigene Weltsicht wird durch die andere Art und Weise der Lebensgestaltung infrage gestellt. Und nun werden die kulturellen Unterschiede sehr deutlich wahrgenommen. Damit einher geht dann die Abwertung der neuen Kultur zur Stabilisierung der gewohnten Perspektive. Zunächst erfolgt die Ablehnung und danach die Bagatellisierung der Unterschiede. Beiden Bewältigungsformen ist gemein, dass die Unterschiede als negativ und belastend empfunden werden, damit das gewohnte Gefühl, die Kontrolle über die Situation zu haben, erhalten bleibt. Der letzte Versuch der Stabilisierung ist der Versuch, die Unterschiede beiseitezuschieben. Man erkennt und akzeptiert oberflächliche Unterschiede wie Essgewohnheiten und andere soziale Normen, glaubt aber an die Gleichheit der Menschen. Es besteht die Neigung, zu verallgemeinern und in dieser Phase zur Stabilisierung von sich auf andere zu schließen. Diese Verallgemeinerung ist ein letztes Abwehren des Kontrollverlusts, der mit dem Kulturschock einhergeht.

Kulturschock (C)

Danach beginnt der eigentliche Kulturschock als Tief der eigenen Handlungskontrolle und Zufriedenheit, und er geht nicht selten mit körperlichen Reaktionen einher. Nervosität, Reizbarkeit oder Müdigkeit, aber auch Schwermut, Langeweile, Heimweh und psychosomatische Störungen wie Kopfweh oder Verdauungsprobleme können auftreten. Oft kommt es zum ersten großen Streit in der Familie oder auf der Arbeit. Kleinere äußere Anlässe genügen, um die inneren Spannungen zu entladen. Jeder Kulturschock ist individuell in seinem Ausmaß und Ausdruck, da innere Einstellungen, Vorerfahrungen und das individuelle Bewusstsein eine bedeutsame Rolle in der Bewertung der eigenen Emotionen spielen. In jedem Fall ist der Kulturschock jedoch kein persönliches Problem oder Defizit, sondern einfach ein Teil des üblichen Eingewöhnungsprozesses in eine neue Kultur.

Anpassung an die fremde Kultur (D)

In der Anpassungsphase wird schließlich kulturelle Relativität und damit das Nebeneinander von unterschiedlichen kulturellen Denk- und Verhaltensmustern angenommen. Fremde Werte und Handlungsweisen werden akzeptiert, auch wenn sie einem nicht zusagen. Mit zunehmender Bewältigung der Unterschiede und dem Ausprobieren neuer Verhaltensregeln fühlt man sich langsam besser. Plötzlich ist man auf neue Art daran interessiert, kulturelle Unterschiede zu erkennen und zu erforschen. Man ist sich bewusst, selbst kulturell geprägt zu sein, und stellt fest, dass es häufig keine richtigen Antworten gibt. Nur wenn gegensätzliche kulturelle Normen zu Konflikten führen, fühlt man sich noch hilflos und gelähmt. Doch es geht wieder aufwärts.

Sich zu Hause fühlen (E)

Nun hat sich das neue Leben eingependelt. Langsam fühlt man sich zu Hause und der Alltag kehrt ein. Man ist in der Lage, die Perspektive anderer einzunehmen, um über interkulturelle Grenzen hinweg zu verstehen und verstanden zu werden. Auch das eigene Verhalten kann jetzt so variiert werde, dass es angemessen für den Umgang mit der jeweiligen Kultur ist. Nun sind die meisten integriert, d. h. die eigene Weltsicht ist um Werte und Verhaltensmuster einer anderen Kultur erweitert und angereichert worden. Man kann durchaus gewisse Aspekte des Lebens vor Ort als angenehmer oder unangenehmer als in der Heimat empfinden. Damit ist der Kulturschock als Integration in eine neue Kultur vorerst abgeschlossen, wiederholt sich jedoch, wenn man zurückkehrt in die neue alte Heimat Deutschland

Rückkehrschock (F)

Mit diesen Erfahrungen im Gepäck kommt man zurück in das ursprünglich gewohnte und bekannte Umfeld – und stürzt auf einmal nach wenigen Wochen in ein Loch. Erst hat man sich auf die Heimkehr gefreut, und nun zweifelt man an der Richtigkeit der Entscheidung. Nach einem Auslandsaufenthalt hat man sich unabsichtlich und unvermeidlich weiterentwickelt, persönlich wie beruflich. Man hat neue Erfahrungen gesammelt, verschiedene Verhaltensweisen und Werthaltungen eingenommen, ist an neuen Aufgaben gewachsen und nicht mehr derselbe Mensch, der vor zwei oder fünf Jahren ausgereist ist. Kollegen, Freunde und Familien daheim sind natürlich auch nicht stehen geblieben, aber sie haben sich vermutlich in eine andere Richtung und weniger intensiv als man selbst entwickelt. Es kann passieren, dass man nicht mehr ganz auf der gleichen Wellenlänge liegt. Verwandte, Freunde, Berufskollegen und -kolleginnen sind oft gar nicht so sehr an den Erlebnissen im Ausland interessiert, wie es die Rückkehrer vermuten und bräuchten. Vor allem am Arbeitsplatz haben die Menschen noch das „alte Bild" von Ihnen im Kopf und bringen Sie vielleicht sogar immer noch mit der ehemaligen Aufgabe vor dem Auslandsaufenthalt in Verbindung. Auch ungenügende Vorbereitung auf die Rückkehr und fehlende Karriereplanung kann verheerende Folgen haben; im schlimmsten Fall ist keine attraktive oder feste Stelle mehr vorhanden.

Reintegration in der Heimat (G)

Obwohl wieder im alten Zuhause, durchläuft man wieder ähnliche Phasen der Eingewöhnung wie zu Beginn im Ausland. Sechs bis zwölf Monate vergehen, bis man alte und neue Beziehungen wieder aufnimmt, die Balance zwischen neuen und alten Wertvorstellungen, Normen und Verhaltensmustern findet und sich wieder daheim fühlt. Jeder ist gut beraten, der sich selbst die Möglichkeit gibt, die eigenen Erfahrungen intensiv aufzuarbeiten. Sinnvoll ist es, die Erfahrungen, die man im Ausland gemacht hat, in seine jetzige Arbeit und den neuen Alltag zu integrieren, anstatt sie brachliegen zu lassen und wieder die alten Wege zu gehen. Gerade im Unternehmen können Ihre neuen Fähigkeiten zu Innovation und Veränderung genutzt werden. Viele Rückkehrer berichten, dass ihr Freundeskreis sich neu zusammensetzt, vielfach aus international erfahrenen Leuten. Die Reintegration in das Heimatland ist also mit nahezu genauso viel Aufwand verbunden, wie die Ausreise und sollte auch so behandelt werden.

Ein solcher Kulturschock kann, muss aber keineswegs zwangsläufig in der Form auftreten, wenn man für einen längeren Zeitraum im Ausland lebt. Wenn man gemeinsam ins Ausland geht, ist zu bedenken, dass die Kulturschockphasen sich je nach Person nicht nur unterschiedlich auswirken, sondern auch zu unterschiedlichen Zeitpunkten auftreten können. Auch gibt es Personen, die keinerlei Kulturschock erleiden. Rückkehrer aus dem Ausland berichten, dass es Ihnen sehr geholfen hat zu wissen, welche Phasen auf sie zukommen würden. Sie waren durch den Wechsel von ablehnenden und euphorischen Gefühlen nicht zusätzlich verunsichert, was die Auswirkungen des Kulturschocks gemildert hat.

📖 Individuelle Erlebnisberichte aus vielen verschiedenen Kulturen finden Sie in Chen, Hanne; Jäger, Henrik: Mit anderen Augen sehen – Leben in fremden Kulturen, Reihe „Kulturschock", Reise Know-How Verlag Peter Rump, Bielefeld 2003

Umgang mit dem Kulturschock

Ein Kulturschock ist kein individuelles Problem oder Versagen, auch wenn es sich so anfühlen mag, sondern ein normaler Prozess, der letztlich davon zeugt, dass man sich auf eine neue Kultur und Situation wirklich eingelassen hat. Symptome für einen Kulturschock können sich sowohl durch Gefühle der Hilflosigkeit und Zurückweisung als auch durch starkes Heimweh und körperliche Stressreaktionen bemerkbar machen.

Werden diese Symptome eines Kulturschocks indes nicht erkannt und bewältigt, können nach einigen Monaten in dieser Spannung physische Schwächung, Hoffnungslosigkeit und Pessimismus auftreten. Immer wieder erleben wir in der Beratungspraxis abwertende Äußerungen gegenüber dem Gastland und seinen Einwohnern, erleben den Rückzug in Gemeinschaften von Menschen der eigenen Herkunftskultur und den vermehrten Besuch der Heimat. Angenommen wird, dass die Schwierigkeiten Angehörigen der Zielkultur lägen, die Vorurteile gegenüber Ausländern hätten und diesen gegenüber verschlossen und ablehnend seien. So verschiebt sich das eigene Problem der Anpassung auf die Umwelt. Dagegen gibt es einige gute Strategien, um einen Kulturschock zu überwinden. Neben Geduld heißt es vor allen Dingen: Ausprobieren! Neue Dinge, wie Essen, Kleidung oder Kultur. Sorgen Sie für genügend Ruhephasen, und schreiben Sie Ihre Erlebnisse auf. Dabei sehen Sie Ihre Fortschritte und konzentrieren sich auf sich. Wenn Sie sie nicht schon können, lernen Sie die fremde Sprache. Je mehr Sie verstehen, desto tiefer tauchen Sie in die Kultur ein, die Sie umgibt. Und beobachten Sie die Körpersprache genau – auch dadurch lernen Sie, sich selbst ein wenig an die Gegebenheiten vor Ort anzupassen.

Viele Ausgereiste berichten, dass sie sich wie ein Trapezkünstler im Zirkus fühlen. Sie haben das eine Trapez noch mit einer Hand fest im Griff, während die andere Hand verzweifelt versucht das zweite frei schwingende Trapez gegenüber zu greifen – jedoch vergeblich. Ganz loslassen ist keine Alternative, denn es gibt kein Netz und keinen doppelten Boden. Es geht also nur durch mehr Schwung. Und wenn man dann etwas näher herangekommen ist, dann heißt es loslassen und besonnen die 1–2 Sekunden ohne Halt in der Luft sein, bevor man das gegenüberliegende Trapez mit der anderen Hand zu greifen bekommt. Hierbei zählen Risikobereitschaft, Neugierde und die Kraft, sich mit mehr Schwung auf die andere Seite zu begeben.

Loslassen, um woanders anzukommen – dieses Bild trifft die Bewältigungsform bei der Krise im Kulturschock gut. Als Letztes sollte man sich vergegenwärtigen, dass immer Elemente des Kulturschocks wiederkehren können. Kleine Auslöser wie Festtage oder (fehlende) Jahreszeiten können erneute Trauer- und Umdeutungsarbeit erforderlich machen. Manche der Ausgereisten lernen ihre Heimatkultur erst in der Ferne schätzen.

Stellt man sich gerne neuen Herausforderungen, ist ein Kulturschock durchaus positiv besetzt und sehr hilfreich. Denn wie bei einer neuen Liebe kann er die Augen öffnen, aufrütteln, Unterschiede bewusst werden lassen oder die Frage nach den wichtigsten Zielen im Privatleben und im Arbeitsalltag neu stellen. Er kann einem zeigen, dass man von seiner Charakterstruktur oder Arbeitsweise her beispielsweise eben nicht für einen längeren Aufenthalt in einer bestimmten Kultur geeignet ist und dass die Herausforderung eine Nummer zu groß war. Das Positive ist also: Sie werden viel über sich, Ihr Verhalten, Ihre Vorlieben, Ziele und Wünsche lernen.

Kulturschockerlebnisse in China

Monika K. ging im Sommer 2005 mit ihrem Mann und Ihren Kindern, damals 7 und 9 Jahre alt, nach China, nach Zhuhai, eine Sonderwirtschaftszone im Süden des Landes, nahe Hongkong und Macau. Als Mitarbeiter einer internationalen Firma hatte ihr Mann für drei Jahre zu einer Auslandsentsendung eingewilligt, und auch die Familie war einverstanden. Monika K. bringt beste Voraussetzungen mit, um sich in die Kultur zu integrieren, sie ist Sinologin und spricht fließend Chinesisch. Doch auch sie war vor dem Kulturschock nicht gefeit. Sie und ihre Familie durchliefen die Phasen am Beispiel des Essens wie folgt:

Aufbruch und Ankommen

Als leidenschaftliche Köchin – Monika hat sogar ein Buch über chinesische Kochkunst veröffentlicht – freute sie sich auf die großartige und fremdartige chinesische Küche. Voller Begeisterung probierten alle Familienmitglieder jedes exotische neue Gericht, das ihre Haushaltshilfe kochte, und waren überwältigt und begeistert von der Fülle der Restaurants, Spezialitäten und Geschmacksrichtungen. Die Lebendigkeit der Restaurants gefiel ihnen ebenso wie deren Lautstärke und wenn ihre Kinder laut und fröhlich waren oder am Tisch herumkleckerten, störte sich niemand daran.

Ernüchterung und Enttäuschung

Nach und nach jedoch hat die Familie die Lebendigkeit der chinesischen Restaurants als fürchterlichen Krach empfunden. Die Lautstärke störte insbesondere den Ehemann nach einem langen, anstrengenden Arbeitstag gewaltig, und sie fragten sich, was geschehen würde, wenn ihre Kinder ihre Tischmanieren völlig und für immer vergessen würden. Auch gab es mehr und mehr Heimweh nach Nudeln mit Tomatensoße bei den Kindern und nach einem Stück Fleisch, das mit Messer und Gabel zerlegt werden kann, bei ihrem Mann.

Kulturschock

Plötzlich erschien ihnen allen die Ruhe, Sauberkeit und Gediegenheit deutscher Restaurants nicht mehr bodenständig und langweilig, sondern verlockend und „kultiviert". Sie hatten große Bedenken, wie lange sie das noch aushalten würden. Die Kinder reagierten jetzt allergisch auf Stäbchen und Reis; was die Haushaltshilfe kochte, wurde rundum abgelehnt. Und selbst die süß-saure Fertigsauce von McDonald's kam nicht mehr gut an. Monika und ihre Familie „verkrochen" sich in Ausländernischen, teuren Hotelrestaurants etc., hier waren sie unter ihresgleichen und genossen europäische Küche.

Anpassung an die fremde Kultur

Die Haushaltshilfe hatte gewechselt. Die neue konnte auch etwas Englisch und lernte gerne, auch westliche Rezepte nachzukochen. Neben den Stäbchen lagen zuhause am Esstisch auch wieder Messer, Gabel und Löffel.

Sich zu Hause fühlen

Die Familie fand ihren individuellen Weg in der Abwechslung. Sie gingen nach wie vor auswärts essen, jedoch gezielter und seltener als am Anfang. Spezialitäten ließen sie sich von chinesischen Freunden erklären und dadurch konnten sie sie besser beurteilen. Sie lernten auch die Einkaufsmöglichkeiten für westliche Zutaten besser kennen, und Monika teilte sich mit der Haushaltshilfe die Arbeit. Während diese die Vorbereitungen übernahm, kochte Monika nach dem Familiengeschmack.

Reintegration nach Rückkehrschock
Zurück in Deutschland wurde der Wok wieder in die Ecke gepackt und der Gulaschtopf hervorgeholt. Wie lange hatten sie sich danach gesehnt. Auch von Vanillepudding, Vollkornbrot und Schinken konnten sie nicht genug bekommen! Doch nach einigen Wochen merkte die Familie, dass ihnen das deutsche Essen zu schaffen machte. Brot, Käse und Schinken lagen zu schwer im Magen, ihnen fehlte der Reis, und es gab keine lustigen Restaurantbesuche mehr ... Also holten sie den Wok und die Rezepte aus China wieder hervor und luden ihre Freunde zu einem gemeinsamen, selbst gekochten chinesischen Essen ein.

Orientierungshilfen zum Umgang mit dem Kulturschock

Aufbruch und Ankommen

- Unterstützen Sie sich gegenseitig und sprechen Sie über Ihre Empfindungen und Erlebnisse. Lassen Sie jede Gefühlsreaktion wertfrei gelten.
- Genießen Sie die positiven Gefühle, aber vergessen Sie bei aller Euphorie nicht, dass der Alltag einkehren wird. Suchen Sie sich ruhige Momente zum reflektieren und verarbeiten der Erlebnisse.

Ernüchterung und Enttäuschung

- Werden Sie auch mal negative Gefühle wie Frust, Angst oder Missmut los.
- Gehen Sie ab und zu in die Vogelperspektive: Vergewissern Sie sich, welche Motive Sie zum Auslandsaufenthalt bewegt haben und welche Ziele Sie in Ihrem Lebensplan damit verfolgen.

- Unzufriedenheit des nicht arbeitenden Partners und die Bewältigung der Umstellung kann zu Konflikten in der Partnerschaft führen. Diese Spannungen müssen ausgetragen und geklärt werden, um noch heftigere Streitigkeiten zu vermeiden.

Kulturschock

- Die Symptome des Kulturschocks sind normal und gehören dazu. Bei jedem einzelnen Familienmitglied können sie sich anders und zu anderen Zeitpunkten äußern. Nehmen Sie Ihre Symptome bewusst wahr und versuchen Sie, diese auf der Kurve einzuordnen. Die Gefühle relativieren sich dadurch.
- Verbringen Sie viel Zeit mit den Ihnen nahestehenden Menschen. Gerade wenn Sie alleine ins Ausland gehen, halten Sie in der ersten Zeit intensiven Kontakt mit Ihren Freunden z. B. per Telefon Internet, Post etc.

Anpassung an die fremde Kultur

- Akzeptieren oder holen Sie sich Unterstützung (z. B. Beratung, Coaching, Training). Sehen Sie dies als Zeichen persönlicher Stärke, dass Sie Hilfe annehmen können.
- Belohnen Sie sich selbst für die überstandene Umgewöhnung und unternehmen Sie Wochenendausflüge, lernen Sie neue Sportarten oder Entspannungstechniken.

Sich zu Hause fühlen

- Betrachten Sie Ihre Lebenssituation und die der anderen aus verschiedenen Perspektiven und versuchen Sie zu verstehen, wie unterschiedlich die Erfahrung des Auslandaufenthaltes wahrgenommen und akzeptiert wird.
- Einige Personen beginnen zu schreiben, um ihre Erlebnisse, Gefühle und Erfahrungen zu verarbeiten. Schreiben Sie Gedichte, Kurzgeschichten oder machen Sie Fotos ohne künstlerischen Anspruch. Geben Sie Ihren Gefühlen damit unzensiert Ausdruck.

Rückkehrschock

- Planen Sie Ihre Rückkehr mit Terminen und Besuchen bei alten Freunden, von denen Sie wissen, dass diese interessiert sind und auch ähnliche (Auslands-)Erfahrungen gemacht haben. Sie werden sich verstanden fühlen.

○ Alle Gefühle sind erlaubt. Sie müssen sich nicht freuen, dass Sie wieder in der „alten Heimat" sind. Seien Sie geduldig mit sich selbst. Seele und Geist müssen erst da ankommen, wo der Körper schon längst ist.

Reintegration in der Heimat

○ Finden Sie neue Herausforderungen, die die Erfahrungen Ihres Auslandsaufenthaltes mit etwas Neuem verbinden.

○ Geben Sie – unaufdringlich – Ihre Erfahrungen weiter. Engagieren Sie sich als Mentor für Andere oder in internationalen Vereinigungen, die es in jeder größeren Stadt gibt.

Worte, im Kulturschock gefunden:

Heimweh
Wie sehne ich mich nach
Eurem vertrauten Lachen –
Meine lieben Freunde –
Nach einer zärtlichen Umarmung,
Nach einem tiefen Gespräch.

Die Menschen hier schauen
Durch mich hindurch.

Es braucht so viel Zeit und Zuwendung,
Mit ihnen wirklich vertraut zu werden.
Es gelingt nur mit wenigen.
Doch diese wenigen bleiben
Verbunden für immer.

Und wenn ich wieder daheim bin,
Werden sie mir genauso fehlen,
Wie ihr jetzt.

JUTTA MAJEK

Jutta Hajek, verheiratet, Mutter von 2 Kindern (Annika 14, und Jan 11)

„Wir haben uns die Entscheidung nicht leicht gemacht."
Immer schon war es ein Traum der freiberuflichen Übersetzerin für Englisch, Spanisch und Deutsch, einmal nach England zu gehen – schon der Liebe zur englischen Sprache wegen. Und doch hat die Familie von Jutta Hajek das erste Angebot, das ihr Mann bekommen hatte, abgelehnt, da zu der Zeit das erste Kind unterwegs war, und ihnen der Zeitpunkt ungünstig vorkam. Als dann 7 Jahre später die nächste Gelegenheit kam, griffen sie zu. Die Hajeks gingen von 2000 bis 2002 nach England. Die Kinder waren damals 4 und 7 Jahre alt. Dies schien den Hajeks das beste Alter, da die Kinder noch nicht auf weiterführende Schulen gingen. Für Herrn Hajek war es ein Karrieresprung.

Dennoch machten sie sich die Entscheidung nicht leicht. Sie überlegten, was der Auslandsaufenthalt mit den Kindern machen würde, welchen Einfluss die Abwesenheit auf ihre Beziehungen zu Familie, Nachbarn und Freunden haben könnte, und schließlich, wohin und wann sie zurückkommen würden. Es gab einige Unwägbarkeiten und eine klare Entscheidung: Es würde nur ein begrenzter Zeitraum werden. So war ihnen von Anfang an klar, dass sie nur für zwei oder drei Jahre ins Ausland gehen würden. „Ich habe gesehen, was es mit Menschen macht, wenn sie keine Wurzeln haben", sagt Frau Hajek. Es sei schwierig, tiefe Beziehungen zu entwickeln und wirkliche Freundschaften zu pflegen, wenn man von Land zu Land ziehe.

„Es ging alles sehr schnell ..."
Weder sie noch die Kinder konnten sich lange vorbereiten, denn die wenigen Wochen, die ihnen bis zur Abreise blieben, waren mit der Organisation des Umzugs verplant. In England mussten ein Haus, eine Schule für die Tochter und ein Kindergarten für den Sohn gefunden werden. Sie haben mit den Kindern oft über den bevorstehenden Umzug geredet und im Vorfeld hin

und wieder Englisch gesprochen. Die Tochter hat ihre Schule mit ausgesucht. Letztlich haben sie den gesamten Hausstand mitgenommen und das Haus vorübergehend an einen Arbeitskollegen des Mannes vermietet. Als dieser dann nach einer Weile auszog, verbrachten sie häufig ihre Ferien in dem leer stehenden Haus und pflegten so Freundschaften in Deutschland.

„Golf spielen und shoppen wäre mir nicht genug gewesen."
Für Jutta Hajek selbst war es beruflich eine günstige Situation, ein günstiger Zeitpunkt, um nach England zu gehen. Nachdem sie wegen einer Umorganisation nach langjähriger Tätigkeit aus ihrer Firma ausgeschieden war, hatte sie sich dazu entschlossen, sich in England als Übersetzerin selbstständig zu machen.

Es erforderte ein großes Durchhaltevermögen, freiberuflich in England tätig zu werden. Jutta Hajek hatte zu dem Zeitpunkt keine konkrete Vorstellung, wie Sie vorgehen sollte, aber „ich hatte eine fundierte Ausbildung und einen starken Willen ..." Sie unternahm jeden Tag einen kleinen Schritt in die Richtung Ihres großen Traums. Diese Taktik hat sich als richtig erwiesen. Sie hat sich u. a. bei deutschen Firmen als Übersetzerin beworben und sich dem deutschen Bundesverband der Dolmetscher und Übersetzer (BDÜ) angeschlossen, der ihr viel geholfen hat. Heute floriert ihr Geschäft gut, nicht zuletzt aufgrund der Kontakte, die sie in England knüpfte. Obwohl sie exzellente Sprachkenntnisse hatte, gibt Jutta Hajek zu, dass sie mancher Mentalitätsunterschied überraschte. Sie hat die Erfahrung gemacht, dass Engländer, die selbst einige Zeit im Ausland verbracht haben, besser mit der in Deutschland üblichen Direktheit zurechtkommen als andere. So hat sie auch vor allem in dieser Bevölkerungsgruppe gute Freunde gefunden.

„Kinder lernen die Sprache spielend – doch nicht von heute auf morgen."
Die Tochter hat sich in der Deutschen Schule London schnell und reibungslos integriert und von Anfang an sehr wohlgefühlt. Die Integration des damals vierjährigen Sohnes dauerte

etwas länger. Die Familie hatte sich spontan für einen traditionellen englischen Kindergarten entschieden, mit dessen Regeln sie nach und nach konfrontiert wurde. Die beiden Kinder sollten untereinander kein Deutsch sprechen, zudem musste der Sohn französisch lernen, obwohl er noch kein Englisch konnte. Den Hajeks fiel auf, dass es im englischen Ausbildungssystem schon früh einen gewissen Leistungsdruck gibt, der die Freiräume zum Spielen schrumpfen lässt. Auf der anderen Seite ermöglichte der englische Kindergarten den Kontakt zu Einheimischen, und es fanden viele gelungene Veranstaltungen statt, wie z. B. das alljährliche Krippenspiel, an dem der Sohn mit viel Freude teilnahm. Beide Kinder profitieren heute noch von ihren guten Englischkenntnissen.

„Ich habe um Geduld gebeten – Die Kinder brauchten nach der Rückkehr etwas Zeit, um sich zu integrieren."
Für die Reintegration hat vor allem ihr Mann rechtzeitig nach einer Stelle im Unternehmen Ausschau gehalten. Koordiniert wurde die Rückkehr so, dass die Tochter nach den Osterferien zurück in die Schule und in ihren alten Freundeskreis kam. Dennoch hat sie eine Weile als Beobachterin verbracht und dem Spiel der anderen erst einmal nur zugeschaut. Jutta Hajek hat die Klassenlehrerin um Geduld gebeten, bis die neue Situation bewältigt sein würde, und nach wenigen Wochen waren die Umstellungsschwierigkeiten vergessen. Für den Sohn, der in die erste Klasse kam, entstand ohnehin eine neue Situation. Es gelang beiden Kindern, an alte Freundschaften anzuknüpfen.

Tipps von Jutta Hajek

Nehmen Sie Ihre Kinder mit, wenn Sie auf Wohnungssuche gehen. Es ist wichtig, dass sich alle im neuen Domizil wohlfühlen. Wir haben uns an einem Tag acht Häuser angesehen und alle in dasselbe Haus verliebt. Wir hatten das Riesenglück, in diesem Haus dann auch wohnen zu dürfen.

Nehmen Sie sich ausreichend Zeit, eine passende Schule/einen passenden Kindergarten für Ihre Kinder zu finden. Man muss sich überlegen, ob es sinnvoll ist, sein Kind ohne Vorbereitung in das lokale System zu pressen, nur damit es die Sprache möglichst schnell lernt. Man darf die psychische Belastung für die Kinder nicht unterschätzen und sollte die Anforderungen, welche die Kinder zu bewältigen haben, genau abwägen. Besonders wenn man nur vorübergehend in einem Land ist, muss man sich überlegen, ob es nicht besser ist, die Kinder im deutschen Schulsystem zu lassen. Es gibt in vielen Großstädten auf der ganzen Welt deutsche Schulen.

Achten Sie auf Details in der Fremde, und schauen Sie sich alles genau an. Für uns war es gut, dass wir nahe an der Schule unserer Tochter

wohnten. Es waren glücklicherweise nur 1,5 km zurückzulegen. Da zu der Zeit die Maul- und Klauenseuche in England herrschte, wurde der Richmond-Park für längere Zeit für den Verkehr geschlossen, und so gab es jeden Morgen Stau. Ein weiterer Vorteil der Nähe zur Schule war die große deutsche Gemeinschaft in der direkten Umgebung. Wir konnten zwischen den Welten wechseln, uns mit deutschen Freunden treffen oder einmal auf einen Spielplatz gehen, wo vorwiegend Deutsch gesprochen wurde.

Erlernen Sie die Sprache des Ziellandes, falls möglich bereits in der Vorbereitungsphase, doch spätestens, wenn Sie angekommen sind. Lesen Sie regelmäßig die Zeitung, hören Sie Radio, besuchen Sie Kino und Theater. Trauen Sie sich, die Fremdsprache zu sprechen, auch wenn Sie sich bewusst sind, dass Sie noch viele Fehler machen. Man wird Ihnen helfen und entgegenkommen, wenn Sie sich Mühe geben.

Besuchen Sie Veranstaltungen für Einheimische. Dort erfahren viel über die Denkweise der Menschen. Nehmen Sie sich Zeit für etwas, das sie zu Hause schon immer ausprobieren wollten, z. B. eine neue Sportart oder einen Literaturkurs. Dort können Freundschaften entstehen, die ein Leben lang halten.

Schauen Sie sich die Gesundheitsversorgung in Ihrem Zielland genau an und schließen Sie, falls nötig, eine Zusatzversicherung ab. Lassen Sie sich von Einheimischen Empfehlungen für Ärzte und Apotheken geben, und orientieren Sie sich, bevor ein Familienmitglied krank wird.

Nutzen Sie die Zeit, in der die Familie von allem Vertrauten und bisherigen Bindungen losgelöst ist, um die Bande zwischen den Familienmitgliedern zu stärken. Ein Auslandsaufenthalt kann den Zusammenhalt fördern und die Familie richtig „zusammenschweißen".

Laden Sie Familienmitglieder und Freunde aus Ihrem Heimatland ein und zeigen Sie ihnen Ihre neue Umgebung. Das hilft, vor allem am Anfang über ein Gefühl der Fremdheit hinweg. In der Rolle der Gastgeber wächst man in die neue Umgebung hinein und kann gemeinsam mit Freunden Neues erkunden.

Faszination Ausland

Unsere Welt ist so klein und doch so vielfältig. Die Mobilität bietet ungeahnte Möglichkeiten, deren Kosten vorab oft nicht zu berechnen sind. Der Wechsel in einen anderen Kulturraum beschert uns Erlebnisse von unschätzbarem Wert, die auch nach dem Aufenthalt in einem anderen Land dauerhaft das Leben und die eigene Entwicklung beeinflussen. Doch neben dem Gewinn steht auch der zu zahlende Preis, der sich nicht in Ziffern ausdrücken lässt, sondern eher in den beschriebenen Gefühlen, den Ängsten und Strapazen bei Vorbereitung, Um- und Eingewöhnung. Im ersten Jahr vermisst man das Gefühl, zuhause zu sein, im zweiten gewöhnt man sich an die Umgebung und lebt sich ein, im dritten Jahr liebt man sie. Diejenigen, welche den Schritt ins Ausland gewagt haben, möchten in der Regel – auch wenn nicht alles positiv war – aufgrund dieser spannenden Erfahrung Ihre Zeit in einer anderen Kultur nicht missen. „Wer nicht wagt, der nicht gewinnt" – so oder ähnlich resümieren die meisten Rückkehrer.

Endlich am Ziel – Was nun?

Die Zeit ist um – Wir kommen zurück

Wenn ein Reisender nach Hause zurückkehrt,
soll er nicht die Bräuche seiner Heimat eintauschen
gegen die des fremden Landes.
Nur einige Blumen, von dem, was er in der Ferne gelernt hat,
soll er in die Gewohnheiten seines eigenen Landes einpflanzen.

Francis Bacon

Und dann sind Sie „wieder zu Hause". Ihr Kopf und Ihr Herz sind noch voller Erfahrungen, Stimmungen und Bilder des Landes, in dem Sie gelebt und gearbeitet haben. In Gedanken sind Sie auch noch bei Ihren Freundinnen und Freunden, Ihren Nachbarn, Kollegen und Mitarbeitern. Wie lange dauert die Rückkehr? So lange wie der Flug oder die Schiffsreise? So lange, bis man wieder neue Freunde gefunden hat?

Die Rückkehr in die Heimat wird in der Regel unterschätzt. Schon das Wort „Rückkehr" ist eine Illusion, denn man kehrt weder in dieselbe Kultur zurück, da sich inzwischen Land und Leute weiterentwickelt haben, noch ist man dieselbe Person geblieben. Aufgrund der vielen Erfahrungen im Ausland hat man sich in einer Dimension verändert, die einem selbst nicht bewusst ist und erst dann realisiert, wenn man in die ursprüngliche Umgebung zurückkommt. Es ist ebenso paradox wie unvermeidbar, je besser man sich im Ausland integriert hatte, desto schwerer fällt einem die Rückkehr. Schließlich hat sich auch das Heimatland verändert, was selbst bei guten Kontakten, gelegentlichen Besuchen oder regelmäßiger Lektüre von Tageszeitungen nicht bemerkt wurde oder schwer einzuschätzen war.

Erfahrungsgemäß wird die schwierigste aller Phasen bei einem Auslandsaufenthalt am wenigsten vorbereitet und bedacht. Schließlich meint man, sich in allem gut auszukennen. Doch die Eingewöhnung in der alten Heimat ist mit ähnlichen Problemen verbunden wie die im Gastland.

Auch der praktische Teil der Rückkehr ist nicht zu unterschätzen, selbst wenn das Zielland als Heimat bekannt zu sein scheint. Wieder ist eine ausgefeilte Logistik notwendig. Im Grund gelten dieselben Checklisten wie bei der Ausreise. Zusätzlich sollte man sich informieren, ob in der Zwischenzeit neue gesetzliche Regelungen in Kraft getreten sind. Es können sich z. B. in der Zwischenzeit im „neuen alten" Zuhause bislang vertraute Bestimmungen geändert haben und so mancher Rückreiseplan musste schon neu konzipiert werden, weil unvorhergesehene administrative Hürden zu meistern waren.

Familie S., die nach mehrjährigem Auslandshaufenthalt in Thailand zurück wollte, hatte nicht mit veränderten Bestimmungen gerechnet. Sie musste erfahren, dass die Tiere nicht zur geplanten Übersiedelung mitkonnten. Eine Veränderung der Quarantäneregelungen machte es erforderlich, rund 3 Monate vor der Ausreise Blutproben einzureichen. Hätten sie dies gewusst, wäre der Umzug zum gewünschten Zeitpunkt problemlos möglich gewesen. Da sie jedoch das Einreichen der Blutproben versäumt hatten, mussten die Tiere in Bangkok in die Tierpension und Quarantänestation, was eine äußerst kostspielige Angelegenheit ist. Die Familie stand vor dem Konflikt, entscheiden zu müssen, ob sie die Tiere allein zurück lässt, die Familie aufteilt und Familienmitglieder dort lässt oder die Rückreise verschiebt.

Die Herausforderungen für Rückkehrer lassen sich in verschiedene Bereiche gruppieren, auf die wir Ihre Aufmerksamkeit lenken möchten:

Überraschende Komplexität der Rückkehr

Wer sich der Illusion hingibt, in eine vertraute Umgebung zurückzukommen und mögliche Hindernisse im Blick zu haben, kann so manchen Erwartungsbruch erleben. Mangelnde Vorbereitung führt bei einigen Rückkehrern leider auch zu unerfreulichen Überraschungen und ungeahnter Überforderung von Familienmitgliedern. Da haben sich gesetzliche Regelungen verändert, ist die Wohnung oder das Haus nicht wie vereinbart rechtzeitig frei für den Bezug, stimmen Rückkehrplanung und Schuljahrrhythmus nicht überein. Nicht jedem liegt das gründliche Planen, doch wer die richtige Balance zwischen Blauäugigkeit und Kontrolle findet, betreibt sinnvolle Prävention und ermöglicht sich und seinen Nächsten eine sanfte Landung mit überwiegend schönen Erfahrungen.

Mehrfache Umstellung am Arbeitsplatz

Auf die meisten wartet eine neue Aufgabe, doch die lieb gewordenen Autonomiespielräume, die man im Ausland hatte, sind verloren. Im Berufsalltag ist man plötzlich nicht mehr so sichtbar, man verliert den Sonderstatus des Exoten und kehrt zurück an einen ungewohnten Platz in Reihe und Glied. Die wertvollen Auslandserfahrungen werden zu wenig abgefragt oder genutzt, und die Reintegration nicht systematisch unterstützt. Insbesondere für Frauen im Beruf fehlen Rollenmodelle, an denen sie sich orientieren könnten. Manch Entsandter fühlt sich wie eine „Testperson", denn es gibt keine Vorkämpfer, die zum Beispiel Karrierepfade entwickelt hätten.

Die erforderliche Neuorientierung und Identitätsfindung der Kinder

Die neuen Gewohnheiten und Hobbies, welche die Kinder im Ausland hatten, sind nicht mehr aufrecht zu erhalten. Schulfächer sind nicht mehr so spannend wie im Ausland und im Fach Englisch fühlen sich einige Kinder heillos unterfordert. Um sie herum gibt es wenige oder keine Kinder, die ähnliche Erfahrungen gemacht haben und viele fühlen sich unverstanden. Die Kinder können zunächst schwer sagen, wohin sie sich zugehörig fühlen.

Erfahrungsdifferenzen zu den Daheimgebliebenen und persönlicher Rückkehrschock

Viele Rückkehrer leiden darunter, dass sie ihre Erlebnisse, Erfahrungen und Horizonterweiterungen nur begrenzt teilen können. Da wirken die Freunde, Verwandten oder alten Kollegen viel engstirniger und sie selbst vermutlich arrogant und weltmännisch auf die anderen, weil sie ständig vergleichen und andere Werte oder Handlungsweisen kennengelernt haben. Sie vermissen eine Umgebung und Kultur, die ihnen so vertraut geworden ist, dass sie nicht mehr ohne sie leben möchten.

Natürlich gibt es auch den Fall eines glatten Übergangs, eines Karrieresprungs im Beruf oder einer problemlosen Integration der Kinder in der alten Heimat sowie der unbegrenzten Wiedersehensfreude mit der Familie. Doch Studien und Erfahrungen zeigen: Die Probleme kommen meist gänzlich unerwartet. Daher ist es unbedingt zu empfehlen, dass Sie sich für die Heimreise nach Deutschland ebenso gründlich vorbereiten wie für die Ausreise.

1 | Mehr als Packen: Die Rückkehr vorbereiten

Die Rückkehr ist in Wirklichkeit eine „Reintegration", also ein Prozess der persönlichen, sozialen, kulturellen und beruflichen Wiedereingliederung. Wie bei der Ausreise ist die Organisation und Logistik des Umzugs, die Umorientierung im soziokulturellen Umfeld sowie die Integration der Familienmitglieder in Institutionen wie Schule und Firma zu bedenken. Leider sind die meisten Personen und Familien mit dieser Aufgabe allein gelassen. Haben im Gastland noch viele Menschen verständnisvoll geholfen, wird für die Rückkehr in die Heimat unterstellt, dass durch die Kenntnis der eigenen Kultur dieser Schritt leicht bewältigt werden könne. Auch die Unternehmen bieten meist weit weniger Unterstützungsleistungen für Reintegrationshilfen als für die Ausreise ins Gastland. Doch die Erfahrung zeigt, dass die Rückkehr eigentlich ein Neuanfang ist.

Gestaltungsvarianten der Rückkehr

Die Verarbeitung und Bewältigung der Rückkehr ist von der Persönlichkeit, der Vorbereitung und dem Umfeld abhängig, aber auch von der Motivation und der Erwartungshaltung der Rückkehrer. Es macht natürlich einen Unterschied, ob man freiwillig oder unfreiwillig, aus privaten oder beruflichen Gründen, vorzeitig oder nach geplantem Ablauf der Zeit zurückkehrt.

Gemäß einer Studie von Nicole Eulenburg, Personalreferentin in der Robert Bosch GmbH, sind für Auslandsentsandte die folgenden Motivbündel ausschlaggebend für die Entscheidung, wieder nach Deutschland zurück zu gehen: Wenn sie aus beruflichen Gründen zurückkehrten, hatten die Ausgereisten entweder das Gefühl, ausgelernt zu haben, ohne in der Auslandsgesellschaft eine befriedigende berufliche Perspektive zu finden. Oder die Ausreise hatte schlichtweg ihre Funktion erfüllt. Zu den privaten Motiven gehören familiäre, partnerschaftliche oder persönliche Gründe. Das heißt, mit der Rückkehr wird häufig die Erwartung verbunden, das konflikthafte Defizit in der privaten Situation möge sich durch die Rückkehr auflösen. Dies ist beispielsweise der Fall, wenn der Partner im Ausland aus visarechtlichen Gründen nicht arbeiten konnte und nach der Rückkehr wieder einer befriedigenden Berufstätigkeit nachgehen kann, oder wenn die kulturelle bedingte Wohnsituation im Gastland erhebliche Einschränkungen in der Freizeitgestaltung mit sich brachte. Auch mangelnde Integration im Gastland oder die Befürchtung, sich zu sehr von der deutschen Kultur und Mentalität zu entfernen, gehören zu den klassischen Motiven.

Sowohl unsere Erfahrungen als auch wissenschaftliche Untersuchungen zeigen, dass man die verschiedenen Handlungsweisen mit Blick auf die Rückkehr zu unterschiedlichen Haltungstypen bündeln kann: die „Realisten", die „Herren der Lage" und „die Überraschten".

1. Die „Realisten"

Wer zu den Realisten gehört, betreibt eine gewisse Enttäuschungsvorbeugung, indem er eine extrem niedrige Erwartungshaltung pflegt. Deutschland sehen die Realisten mit gemischten Gefühlen entgegen und erwarten keine Highlights oder Überraschungen. Ihr Ziel ist, sich möglichst schnell wieder zurecht zu finden, und so verhalten sie sich pragmatisch und rational. Mit dieser Haltung schützen sie sich vor negativen Emotionen, vermeiden zugleich aber auch positive Emotionen, indem sie die Organisation der Rückreise recht nüchtern als Pflichtprogramm und als notwendige Station auf dem Weg zu ihrem Ziel behandeln.

2. Die „Herren der Lage"
Für diesen Typ ist die Rückkehr eine Erlösung, nachdem sich der Auslandsaufenthalt als belastender Lebensabschnitt herausgestellt hat. Sie erlebten diese Herausforderung als Enttäuschung ihrer positiven Erwartungen. Und so ist die Rückkehr für sie gleichbedeutend mit der Wiederherstellung von Selbstständigkeit und Autonomie in der vertrauten Umgebung.

3. Die „Überraschten"
Am häufigsten ist der dritte Typ zu finden. Die sogenannten Überraschten erleben eine Krise nach der Rückkehr, weil ihre Hoffnungen enttäuscht und ihre Erwartungen an die alte Heimat nicht erfüllt werden. Der gewünschte Arbeitsplatz bleibt aus oder entpuppt sich als Verschlechterung, ihre persönlichen Auslandserfahrungen werden nicht abgerufen, und sie erleben das deutsche Lebens- und Arbeitsumfeld als kalt und unpersönlich. Die Desillusionierung führt zur Krise, wie sie im Kulturschockmodell bereits beschrieben worden ist.

Sie können an den drei Typen sehen, dass neben den Motiven für die Rückkehr wie für die Ausreise entscheidend ist, welche Wünsche, Erwartungen und Hoffnungen Sie mit diesem Abschnitt verbinden. Optimalerweise haben Sie bei der Ausreise bereits Vorsorge für die Rückkehr getroffen, während des Auslandsaufenthalts Beziehungen gepflegt, vorgebaut und die Rückkehr von längerer Hand vorbereitet. Wer versäumt hat, sein Netzwerk zu pflegen, wird es deutlich schwerer haben als derjenige, der während des gesamten Auslandsaufenthaltes Kontakt gehalten hat. Wer die Rückkehr nicht gut vorbereitet hat, wird sicherlich einige Überraschungen erleben. Wir wollen durch unsere

Beispiele nicht abschrecken, sondern Sie realistisch über Risiken und Chancen eines Auslandsaufenthaltes informieren. Dazu gehört, dass man mit beiden Beinen fest auf der Erde steht. Die beiden folgenden Fälle mögen dies verdeutlichen.

Eigentlich war Wolfgang B. nur gezwungenermaßen zurückgekommen, denn er wollte die Altersteilzeitregelung in Anspruch nehmen und musste dafür, so sieht es die Regelung vor, noch mindestens zwei Jahre in seinem Heimatland arbeiten. In der deutschen Zentrale musste sich Wolfgang B., der jahrelang Vertriebsbüros in Asien alleine und selbständig aufgebaut hatte, nun in eine hierarchische Struktur einfügen, in der er sich wegen seiner Erfahrungen und beschnittenen Entscheidungsbefugnissen nicht wohl fühlte. Alles musste er auf einmal mit seinen Chefs abstimmen. Seine vietnamesische Frau, die er in Singapur geheiratet hatte, war dort immer viel beschäftigt gewesen. Mit kleineren Nebenjobs, Haushalt, Kindererziehung und karitativen Aufgaben war ihr Tag ausgefüllt. Nun saß sie in einem großen Haus in einer deutschen Kleinstadt und vermisste die „international community" und ihre Heimat Vietnam. Sie wusste nicht recht, wie sie ihren Alltag gestalten sollte, schließlich fiel ihr auch die deutsche Sprache schwer. All das setzte Wolfgang B. gesundheitlich sehr zu, und nach einigen Monaten erkrankte er schwer und lange – welch ein Schock für alle. Frau B. saß hilflos vor den bürokratischen Hürden und hatte enorme Schwierigkeiten sich durch die Papiere zu kämpfen. Die Personalabteilung, die Chefs und ein Sohn standen ihr zur Seite – wen hatte sie auch sonst in Deutschland? Die anderen zwei Söhne arbeiteten schon lange in Australien und den USA.

Im Nachhinein ist man immer schlauer, so sagen viele in so einer traurigen und schmerzhaften Situation. Wolfgang B. hätte seine Frau umfassend über die finanziellen und organisatorischen Gegebenheiten informieren müssen. Vor Krankheit ist sicherlich keiner geschützt, jedoch hätte das Ehepaar diese Rückkehr für sich sanfter gestalten können, z.B. durch voran gegangene Deutschkurse für die Frau sowie durch einen Mentor im Unternehmen, der Wolfgang bei der Integration in das deutsche System hätte unterstützen können. Klare Absprachen und Informationen in der Partnerschaft hätten ebenso geholfen wie ein Kontaktaufbau zu in Deutschland lebenden Vietnamesen und die kontinuierliche Beziehung zu Angehörigen und Freunden aus Wolfgangs Heimatland. Dass es auch ganz anders gehen kann, zeigt das zweite Beispiel.

Nach fast 15 Jahren wollte der deutsche Ingenieur Thomas B. mit seiner Familie aus den USA zurückkehren. Seine Eltern wurden immer gebrechlicher und er wollte ihnen näher sein. Dafür nahm er in Kauf, dass er sich einen neuen Job suchen musste, da er in den USA nach einigen Jahren vom ursprünglichen Entsandtenstatus in einen lokalen Vertrag gewechselt war, den er dann kündigen musste. Als 45-jähriger Ingenieur, der sich auf dem deutschen Arbeitsmarkt eine Stelle suchen musste, kam er sich plötzlich relativ wertlos vor. Zugute kamen ihm aber Freunde und Kontakte, die er während der Jahre in den USA durch regelmäßige Heimreisen gepflegt hatte. Auf gepackten Kisten in den USA sitzend, erfuhr er über einen Bekannten von einer Ausschreibung an einer deutschen Fachhochschule, die dringend Professoren für genau sein Fachgebiet suchten. Da er in den USA seinen Doktor erworben hatte, waren die Einstellungskriterien schnell erfüllt. Nur die Auswahl dauerte verfahrensbedingt etwas länger. Doch acht Monate nach seiner Rückkehr trat er seine neue Stelle als Fachhochschulprofessor an. Der Umzug verlief zunächst leicht, denn er kehrte alleine zurück, sichtete Häuserangebote und die Kinder wechselten erst zum neuen Schuljahr von der deutschen Schule in den USA in die Oberstufe des Gymnasiums in der Kleinstadt. Die Ehefrau von Thomas B. wollte noch ca. ein Jahr in den USA bleiben, um ihr eigenes Geschäft abzuwickeln, und kam nach. Die ganze Familie spürte die Trennung und den Kulturschock, schließlich hatten die Kinder Deutschland im Alter von zwei Jahren verlassen, und ihr Zuhause waren die Vereinigten Staaten. Dann zahlte sich allerdings aus, dass sie stets auf einer deutschen Schule gewesen waren und in den Ferien regelmäßig die Großeltern in Deutschland besucht hatten.

Die zwei Gegensätze vereinen das, was wir in unserer Arbeit immer wieder erleben: Jede Rückkehr ist anders. Und wie Sie damit zurecht kommen, hängt vor allen Dingen von zwei Aspekten ab: Ihrer individuellen Vorbereitung und Ihren Erwartungen. Im letzten Beispiel ist gut zu erkennen, dass der kontinuierliche intensive Kontakt zum Heimatland die Rückkehr vereinfacht und den „Rückkehrschock" etwas gemindert hat.

Das Bewusstsein für die Komplexität der Rückkehr, die Wichtigkeit der Beziehung zur Heimat und die praktische Organisation erleichtern die Eingewöhnung und Integration in den möglicherweise fremd gewordenen deutschen Alltag. Achten Sie also bei der Vorbereitung Ihrer Rückkehr auf folgende Dinge:

- Richten Sie sich auf eine Übergangszeit im Hotel ein oder behalten Sie gegebenenfalls eine Wohnung oder einen anderen Ort als Basis oder „Fuß in der Heimattür".
- Pflegen Sie bestimmte Beziehungen gezielt und mit allen Konsequenzen (Anreise zu Festen, Familienfeiern etc.) weiter, während Sie im Ausland sind.
- Treffen Sie Vorkehrungen für den Fall, dass die Eltern oder andere Familienmitglieder krank werden, damit Sie keine überstürzten Entscheidungen treffen müssen.
- Treffen Sie Vorbereitungen, falls Sie im Zielland arbeitslos werden und nach Deutschland zurückkehren müssen oder wollen.
- Achten Sie auf eine Vereinbarung über die Wiederaufnahme oder Weiterbeschäftigung in der entsendenden Firma – am besten im Vorfeld oder lange bevor Sie an eine Rückkehr denken.
- Bedenken Sie den Effekt, den die Rückkehr auf die im Ausland geborenen Kinder hat, einschließlich der organisatorischen Umstellung der Schulzeiten.

- Denken Sie rechtzeitig über die Möglichkeiten für Ihren Partner nach, die berufliche Laufbahn fortzusetzen.
- Kalkulieren Sie unter Umständen eine familiäre „Staffelrückkehr" ein, die vom Beginn der Schuljahre sowie des Arbeitsplatzwechsels von jedem Verdiener in der Familie abhäng ist.
- Stellen Sie sicher, dass die von Ihren schulpflichtigen Kindern im Ausland erworbenen Abschlüsse und Zeugnisse in Deutschland anerkannt werden.
- Bestimmen Sie, welche Beziehungen aus dem Gastland Ihnen so wichtig sind, dass Sie diese weiter pflegen, um sie ein Leben lang und quer über den Globus aufrecht zu erhalten.

2 | Herausforderung: Berufliche Rückkehr

Es gibt grundsätzlich zwei Wege für die berufliche Rückkehr: ohne oder (noch) mit Arbeitsstelle. In beiden Fällen gilt: Je länger der Auslandsaufenthalt war, desto schwerer wird auch die berufliche Integration fallen. Nur diejenigen, welche konstant Kontakt zu ihren Kollegen, Freunden und Netzwerken hielten, haben es leicht. Alle anderen stehen vor einem Neubeginn. Viele machen leider auch die Erfahrung, dass der Auslandsaufenthalt weit weniger karriereförderlich war, als sie gehofft hatten.

„Aus den Augen, aus dem Sinn." Entsandte können von bitteren Erfahrungen nach ihrer Rückkehr berichten. Der alte Posten ist besetzt, der Konzern hat umstrukturiert und derzeit gibt es keine passende und vor allen Dingen interessante Position. So oder ähnlich hört man es von vielen Rückkehrern – eine Erfahrung, die vor allem dann schwer zu akzeptieren ist, wenn sie zuvor von ihren Unternehmen ins Ausland geschickt worden waren. Oft wird erst gar nicht über den Einsatz danach gesprochen, und wenn, dann meist zu spät. Die Konsequenz, die viele Angestellte daraus ziehen, ist der Wechsel zu einem neuen Arbeitgeber. Dort schätzt man wenigstens die fachlichen, persönlichen und interkulturellen Kompetenzen, die im Ausland erworben wurden.

Eine weltweite Studie der Unternehmensberatung PricewaterhouseCoopers belegt, dass die Rückkehr von Entsandten häufig misslingt. Knapp 3 500 ins Ausland entsandte Fach- und Führungskräfte aus den USA und Europa wurden befragt. Im Schnitt bleiben sie 29 Monate vor Ort. Wichtigstes Ergebnis: 15 Prozent der Auslandsentsandten verlassen ihren Arbeitgeber im ersten Jahr nach der Rückkehr. Andere Studien belegen, dass die Kündigungsquote bei Managern sogar noch höher liegt und bis zu 25 Prozent der Repatriates das Unternehmen im ersten Jahr verlassen. Die Fluktuation unter diesen Mitarbeitern ist also wesentlich höher als beim Durchschnitt aller Angestellten in den untersuchten Unternehmen. Denn in den meisten Firmen gibt es, wenn überhaupt, nur sehr vage Konzepte für die Wiedereingliederung der Entsandten. Nur etwa die Hälfte der untersuchten Unternehmen plant die Reintegration systematisch.

So mancher Entsandte wurde böse von der Realität überrascht: Nach einer Bilderbuchkarriere quer durch die Welt (jeweils zwei Jahre Singapur, Japan, London und New York) wartet nur der Aufhebungsvertrag auf ihn. Andere steigen auf demselben Level wie vor ihrer Entsendung wieder ein oder werden in die Provinz versetzt, was den Rückkehrschock verstärkt.

Aber es gibt auch andere Beispiele, in denen die Verantwortlichen mit dem Entsandten bereits über Rückkehrszenarien reden, noch bevor dieser die Reise antritt. Bisweilen hilft ein Mentor bei der Eingliederung in die bekannten aber veränderten Strukturen.

Ein anderes Modell ist das sogenannte Sponsorship. Global vernetzte Manager mit Personalverantwortung übernehmen in Form einer schriftlichen Vereinbarung die Verantwortung für die Replatzierung des entsandten Mitarbeiters. Sie können zwar nicht garantieren, dass der gewünschte Arbeitsplatz zur Verfügung gestellt wird, sorgen jedoch für eine sanfte Landung, indem sie die Zuständigkeit für die Eingliederung des Entsandten übernehmen. Darüber hinaus gibt es Seminare und Coachings, welche den Rückkehrern samt Partnern den Wiedereinstieg in Deutschland erleichtern sollen.

Wer innerhalb des Unternehmens wechselt, muss sich gegebenenfalls auch im Tätgkeitsfeld umstellen. Von einem Arbeitsplatz auf der operativen Ebene mit vielseitigen, interkulturellen Kontakten wechselte man vielleicht auf eine Tätigkeit am Schreibtisch mit einem ganz anderen Rhythmus und anderen Verantwortungen. Dies kann dazu führen, dass man den Sinn der neuen Aufgabe infragestellt. Doch auch das ist eine Frage der Perspektive: Vielleicht genießt man es ja auch, wieder etwas mehr Abstand zur machmal doch auch schwierigen und frustrierenden Arbeit im Ausland zu haben.

Unterschätzen Sie die vielen kleinen und großen Umstellungen nicht, denn sie können einen erheblichen Rückkehrschock auslösen. Wie Sie diesen vermeiden können, wollen wir Ihnen im Folgenden zeigen:

Praktische Tipps

◐ Wenn Sie wieder in die Zentrale oder innerhalb des Unternehmens zurückkehren, überlegen Sie schon vor der Ausreise zusammen mit den Vorgesetzten und der Personalabteilung, wie Ihre Auslandserfahrung auf einer späteren Position nützlich sein könnte.

◐ Versuchen Sie schon vor der Ausreise, von Ihrem Vorgesetzten eine schriftliche Zusage zu erhalten (und sei es per E-Mail), was er für Sie bei der Rückkehr tun will. Es ist zwar keine Garantie, erhöht jedoch die Verbindlichkeit. Außerdem wirkt es beruhigend und vorbeugend.

◐ Für viele Rückkehrer ist es kränkend, plötzlich nur noch ein „Fall" in der Personalabteilung zu sein. Halten Sie Kontakt mit dem Heimatunternehmen, bleiben Sie auch während des Auslandsaufenthaltes stets präsent.

◐ Beginnen Sie mindestens sechs Monate vor der Rückkehr zu überlegen, welche Position für Sie in Frage käme. Besprechen Sie Optionen mit Vorgesetzten und Personalabteilung.

◐ Wenn Ihr Unternehmen nicht dafür sorgt, suchen Sie sich selbstständig Mentoren, Coaches und andere Unterstützung.

- Suchen Sie sich Personen in der Firma oder in Ihrem Umfeld, die ebenfalls schon einmal längere Zeit im Ausland waren, und tauschen Sie Erfahrungen aus.
- Bieten Sie an, dass Sie über ein bestimmtes Thema, das einige Abteilungen interessieren könnte, referieren. Dadurch können Sie Wissen weitergeben, und auch viele ehemalige Kollegen erreichen
- Manche Firmen gewähren Rückkehr-Boni, Finanzberatungen oder zinslose Darlehen für Anpassung und Umzug, um die Anerkunnung für die Bereitschaft ihrer Mitarbeiter auszudrücken. Fragen Sie bei Bedarf nach.
- Besuchen Sie ein Wiedereingliederungsseminar eines externen Anbieters, um sich mit anderen Rückkehrern auszutauschen. Das manchmal geringe Interesse an Ihren Auslandserfahrungen wird hier aufgefangen und es werden Handlungsmöglichkeiten in typischen Konfliktsituationen des Arbeitsalltags erarbeitet.

⊕ Handbuch für Einwanderer in Deutschland: *www.handbuch-deutschland.de*
Arbeitsmarkttrends Deutschland: *www.europaserviceba.de*

3 | Zugehörigkeitsfragen: Rückkehr mit Kindern

Nach der Rückkehr ins Heimatland fällt es den meisten Kindern zunächst schwer, Anschluss zu finden. Sie fühlen sich nicht zugehörig und müssen sich an die deutsche Lebensweise und Kultur erst wieder gewöhnen. Zurück in Deutschland geraten sie leicht in eine Exotenrolle, was vor allem für Jugendliche eine unangenehme Situation sein kann. Sie möchten nicht auffallen, sondern dazugehören. Das einstige Privileg, jemand Besonderes zu sein, kann nach dessen Verlust zu Einsamkeit führen. In dieser Situation kann ein stabiles familiäres Netzwerk den Kindern Halt geben. Die Freundschaftsbeziehungen vor Ort dienen dazu, den Alltag zu bewältigen. Doch den Kontakten fehlt meist in der Anfangszeit eine tiefere Vertrautheit. Trotz räumlicher Distanz empfinden die Jugendlichen eine größere emotionale Nähe und tiefere Verbundenheit zu ihren Freunden im Ausland als zu denjenigen in Deutschland. Durch

Beziehungen zu anderen aus dem Ausland zurückgekehrten Kindern und Jugendlichen können sie ihre spezifischen Erfahrungen teilen. Die Kommunikation wird meist über E-Mail und ausgeprägte Reisetätigkeit aufrechterhalten.

Der 14-jährige Max z. B., der gerade aus Venezuela zurückgekehrt ist, zieht sich die erste Zeit auf dem deutschen Gymnasium sehr in sich zurück. Das ist ungewöhnlich für ihn, war er doch auf der deutschsprachigen Schule in Caracas ein aufgeweckter und aktiver Teenager. Sein Problem ist, dass er nicht mitreden kann. Die angesagten Bands in Deutschland kennt er kaum, die „coolen" Begriffe der Umgangssprache sind nicht in seinem Wortschatz, und er hat keine Ahnung, was gerade „klamottentechnisch in" ist. Gerade in der Pubertät sind das Dinge, über die sich die Jungendlichen unterhalten und durch die sie sich identifizieren und in Peergroups zusammenfinden. Den Eltern geht es – in ihren Kreisen – kaum anders als. Deshalb können die Rituale auch gemeinsam vollzogen werden.

Ältere Kinder, welche im Ausland aufgewachsen und zur Schule gegangen sind, befinden sich plötzlich „zwischen allen Stühlen", sie sind weder nur Deutsche noch Amerikaner, Kanadier oder Südafrikaner. Sie schaffen sich häufig ihre eigene „dritte Kultur".

Third Culture Kids: Aufwachsen in mehreren Kulturen

Der Begriff „Third Culture Kids" (TCK) beschreibt Kinder, die ihre Eltern für einen gewissen Zeitraum in mindestens eine andere Kultur begleiten. Keine andere Gruppe in unserer Gesellschaft startet mit so vielen Herausforderungen, aber auch Chancen ins Leben. Kinder, die einen Teil ihrer Sozialisation im Kontext einer anderen Kultur erfahren haben, stellen fest: Ich bin anders – weder Deutscher noch Amerikaner, weder Ghanese noch Chilene, einfach anders. Diese Kinder schaffen sich ihre Kultur der „Anderen", der „Third Culture Kids". Diese „dritte Kultur" entsteht, wenn unterschiedliche Schulformen,

Erziehungsnormen und Wertesysteme kennengelernt wurden und zu neuen Denk- und Handlungsformen verschmolzen. Viele sind weder im Heimatland der Eltern zu Hause noch im Gastland beheimatet, sondern am liebsten immer unterwegs. Sie kreieren ihre eigene Lebensweise und bevorzugen den Kontakt zu ihresgleichen. Hier können sie sich austauschen über das, was sie kennen. Denn sie erleben den Verlust von Freundschaften, müssen die Schule wechseln, sich neue Bezugssysteme schaffen. Für sie ist alles Gewohnte nur provisorisch. Sie haben selten eine Wahl, müssen bei der Versetzung der Eltern mit, müssen den Wohn- und Lebensort wechseln, auch wenn sie eigentlich nicht wollen, erleben Wurzellosigkeit, Rastlosigkeit und haben selten Gelegenheit für Trauer wegen der Verluste.

Tatsächlich prägt eine internationale Kindheit das ganze Leben. Dies allerdings auf ziemlich unterschiedliche Weise. Manche werden zu Weltbürgern, die andere Kulturen verstehen, akzeptieren und zunächst keine Vorurteile gegen Ausländer und Fremdes haben. Andere ziehen sich zurück, zeigen Verhaltensstörungen, sprachliche Schwierigkeiten, hektische Überaktivität oder auch depressive Verstimmungen. Die einen werden zu Pendlern, die sich chamäleonhaft der jeweiligen Umgebung anpassen können. Andere haben das Bedürfnis, sich intensiv in die neue Kultur hineinzuleben, um sich beheimatet fühlen zu können. Wieder andere werden zu Sammlern, welche sich aus den Kulturen die jeweils für sie besten Aspekte herauspicken. Ob diese Kinder ihre Auslandsjahre als Bereicherung erleben, hängt ganz von der Persönlichkeit des Kindes, aber auch von der Vorbildwirkung ihrer Eltern ab.

Entscheidend ist es, die Identitätsfindung der Kinder zu unterstützen, indem sie einen Raum zur Auseinandersetzung für ihre je eigene Kombination der kulturellen Werte erhalten. Beziehungen zu ihresgleichen sollten ebenso ermöglicht werden wie zu Kindern, die nur eine Kultur kennen. Bei der Rückkehr nach Deutschland sollten sie darauf vorbereitet werden, dass die Aufmerksamkeit für ihre Erfahrungen unterschiedlich sein kann und damit möglicherweise Kränkungen einhergehen können. Sowohl der Exotenstatus kann ihnen zu schaffen machen als auch der Unwille der Anderen, sich ihren Geschichten, Erfahrungen und Vergleichen zu öffnen. Wenn Sie Ihre Kinder darin bestärken, dass alles, was sie erleben, normal ist, bekommen sie genügend Rückhalt, ihren eigenen Weg zu suchen.

Tipps für die Rückkehr mit Kindern

- *Langsamer Abschied:* Planen Sie genügend Zeit ein, um sich von Ihren Freunden im Ausland zu verabschieden. Genießen Sie Momente der Wehmut, weil sie auf Liebgewonnenes wie bestimmte Speisen, Geräusche oder Gerüche verzichten müssen. Ganz wichtig ist das auch für die mitreisenden Kinder. Überlegen Sie sich ein Abschiedsritual und nehmen Sie die Sorgen der Kinder, auch vor dem Neuanfang in Deutschland, ernst.
- *Erinnerungen schaffen:* Erstellen Sie ein Erinnerungsbuch mit Fotos, Adressen, Abschiedswünschen für sich und die ganze Familie, Sie werden es nach der Rückkehr in Deutschland noch oft in die Hand nehmen.
- *Vorfreude stiften:* Beginnen Sie sich auf lang Vermisstes zu freuen und animieren Sie auch die Kinder dazu, Dingen entgegenzusehen, die sie lange entbehrt haben.
- *Neuanfang wahrnehmen:* Die Rückkehr nach Deutschland ist ein Start mit allen Mühen, wie Stellen- und Wohnungssuche, Entscheidung über Kindergarten oder Schule. Das braucht, genau wie im Ausland, seine Zeit. Sie können nicht einfach dort weitermachen, wo Sie aufgehört haben, selbst wenn Sie an ihren früheren Wohnort in Deutschland zurückkehren. Wenn Sie, wie beim Neuanfang im Gastland auch, Offenheit und Geduld zu Ihren Leitlinien machen, werden Sie es leichter haben.
- *Die Heimat entdecken:* Erkunden Sie Deutschland zusammen mit Ihren Kindern wie Touristen und genießen Sie den frischen Blick.
- *Gleichgesinnte treffen:* Ihnen fehlt die internationale Atmosphäre? Auch in Deutschland gibt es Klubs für Entsandte, Kollegen und Familien aus anderen Ländern. Hier können Sie Ihre Erfahrungen im In- wie Ausland austauschen. La-

den Sie Neuankömmlinge aus dem ehemaligen Gastland ein, suchen Sie Kontakte im ausländischen Umfeld der Botschaften, Stiftungen, der Universitäten oder der internationalen Schulen.

○ *Netzwerke aufbauen*: Gibt es einen neuen oder alten Sport, den Sie gerne betreiben? Suchen Sie sich einen Sportverein, einen Chor oder ein Ehrenamt, um schneller Kontakte zu bekommen. Wer Kinder hat, findet über die Elternarbeit oft rasch Anschluss. Sie können auch alte Freunde zu einer Wiedersehensparty oder die neuen Nachbarn zu einem „Tag der offenen Tür" einladen.

Lesetipps für die Rückkehr mit Kindern: Robin Pascoe, (2000): Living and Working abroad. A parent's guide. Kuperard

Alles über Third Culture Kids: *www.tckworld.com*
Regelmäßige Konferenzen und Erfahrungsaustausch bietet: *www.figt.org*

Isabelle Kraemer*

Das Ehepaar Kraemer steht wenige Tage vor dem Umzug zurück nach Deutschland. Sie haben vier Kinder, die beiden älteren Jungen sind 9 und 8 Jahre alt, die Mädchen 4 und 2 Jahre. Insgesamt waren die Kraemers jetzt über 11 Jahre im Ausland, davon knapp 5 Jahre in Washington DC, 9 Monate in Zentralamerika und 6 Jahre in London.

Familie Kraemer hat schon mehrere Kulturwechsel ohne und mit Kindern bewältigt. Nachdem der Ökonom Moritz Kraemer bei der Weltbank in Washington DC ein Praktikum gemacht hatte, entstand der Entschluss, ins Ausland zu gehen. Eine Woche nach der Hochzeit sind er und seine Frau dann in die USA gezogen. Den anstrengenden Job in einer PR- und Werbeagentur gab die Publizistin und Halbfranzösin Isabelle Kraemer gerne auf, um in den USA zu arbeiten. Das wäre auch leicht möglich gewesen, denn als die beiden wussten, dass sie in die Vereinigten Staaten gehen würden, haben sie an der Green Card Verlosung teilgenommen und prompt eine für Isabelle Kraemer gewonnen. Doch es kam anders.

In der Bank arbeitete Herr Kraemer vor allem mit Latinos zusammen, so haben sie zunächst in den USA die Gastfreundschaft und Feste der Lateinamerikaner genossen. Und als sich dann nach einigen Monaten die Gelegenheit ergab, nach Zentralamerika zu gehen, zögerten sie nicht und zogen für neun Monate nach Honduras.

„Der Wechsel war ein ziemlicher Schock."
Die Diskrepanz zwischen Arm und Reich machte ihnen sehr zu schaffen. In Tegucigalpa, der Hauptstadt von Honduras lebten sie zwischen wenigen Reichen, die auf bewachten Riesengrundstücken in schönen Häusern und versorgt von Angestellten ein luxuriöses Leben führen. Auf der anderen Seite sahen sie Menschen in unfassbarer Armut in Wellblechhütten

---

* Die Namensgleichheit mit der Autorin ist rein zufällig.

und Pappkartons hausen. „Zwischen all den gelangweilten Damen, die nicht richtig etwas zu tun hatten, habe ich mich sehr einsam gefühlt", sagt Frau Kraemer. Sie verhielten sich eher wie Touristen, haben viel angeschaut und sich nicht richtig integriert, da sie von Anfang an wussten, es ist eine befristete Zeit.

„Es war immer ein bisschen dieser Einsamkeitsfaktor dabei."
Zurück in Washington, kamen der erste und bald darauf der zweite Sohn zur Welt. Dennoch hat sich Frau Kraemer zunächst etwas einsam gefühlt. Die Entfernungen, das allgegenwärtige Auto und die amerikanische Lebensart waren ungewohnt. Obwohl die Kraemers in einem recht europäischen Viertel wohnten, wo es sogar Bürgersteige, eine U-Bahn und eine Ladenzeile gab, fühlten sie sich zunächst fremd. Die Einsamkeit wurde schließlich durch die Kinder aufgehoben. Durch sie hat Frau Kraemer Kontakte geknüpft, andere Mütter kennen gelernt, nicht nur Amerikaner, auch Deutsche, Engländerinnen und Französinnen. Doch „plötzlich hatten wir einfach Lust auf einen Wechsel". Es war eine sehr schnelle Entscheidung, obwohl sie sich sehr wohlfühlten in Washington. Als ihr Mann eine Arbeitsstelle in England fand, dachten wir: „Oh ja, London, das machen wir."

„London ist schon ein hartes Pflaster, aber wir haben uns schnell integriert."
Frau Kraemer hat sich am Anfang ein wenig schwer getan in London: „Anfangs fand ich London anstrengend. Wir kamen aus Washington, dort war alles ruhig und sauber. Der Trubel und die schlechte Luft in London haben mich ganz fertig gemacht." Wieder war der Kulturwechsel also ein ziemlicher Schock. Diesmal die Umstellung von Haus und Garten in Washington, auf eine riesige Stadt mit „irrsinnig hohen Preisen". Die enge Bebauung, Haus an Haus leben und nicht zuletzt die klimatische Veränderung machten ihr zu schaffen. Es waren „zwei verregnete erste Jahre". Allerdings haben die Kraemers die Menschen und englische Lebensart von Anfang an sehr gemocht und sich schnell integriert. Der Katalysator war wieder die Schule. Alle drei Kinder gehen jetzt auf eng-

lische Schulen. Insbesondere die Montessori-Schule erwies sich als Glücksfall. Sie war zufällig die einzige, auf der man Plätze fand für die Kinder und dort haben die Kraemers dann auch ihren Freundeskreis aufgebaut. Sie sind vollständig in das englische Leben eingetaucht und finden es schön, zu wissen, wie die Menschen denken und leben. „Ich habe England, die Engländer, die englische Sprache richtig lieben gelernt", sagt Frau Kraemer. Sie konnte sich die Rückkehr nach Deutschland schwer vorstellen.

„Wir kommen freiwillig zurück nach Deutschland."
Die Idee, nach Deutschland zurück zu gehen, entstand früh, da Herr Kraemer die tägliche zweieinhalbstündige Fahrt zur Arbeit sehr anstrengend findet. Als sich andeutete, dass dieselbe Arbeit auch in Frankfurt vom Büro aus zu erledigen ist, überlegten die Kraemers das erste Mal, zurück nach Deutschland zu gehen. Auch die Lebensqualität verspricht in Deutschland besser zu werden. Nicht nur Verkehr und Luftverschmutzung sind in London belastend, alles ist komplizierter und teurer. Sportliche Aktivitäten, wie Schwimmen, scheitern an heruntergekommenen öffentlichen Bädern. Die Alternative, private Clubs, sind wiederum finanziell kaum erschwinglich. Auch die Immobilienpreise sind in den letzten Jahren stark in die Höhe geschossen.

Hinzu kommt, dass die Kraemers finden, ihre Kinder sollten „anständig Deutsch und Französisch" lernen: „Wir möchten keine englischen Kinder haben, die ihre Muttersprachen nicht können." In der Familie werden insgesamt 3 Sprachen gesprochen. Der Vater spricht Deutsch mit den Kindern, die Mutter Französisch, und die Kinder antworten in der Regel auf Englisch.

„Für die Familie ist das die richtige Entscheidung, jetzt zu gehen."
Es gibt eine Reihe von Gründen, diesen Zeitpunkt für eine Rückkehr zu wählen. Zum einen möchte man mehr gemeinsame Familienzeit haben, zur Zeit sehen die Kinder den Vater wegen der langen Wege abends nicht. Der älteste Sohn würde

in zwei Jahren in England auf eine weiterführende Schule gehen, der jüngere bald danach. Im Wohnviertel der Kraemers in London gibt es jedoch keine guten staatlichen weiterfuehrenden Schulen, also müssten sie auf eine private Schule zurückgreifen, was erhebliche Kosten verursachen würde. Je länger sie also warten, desto schwerer würde es für die Kinder, „da dachten wir, das ist jetzt *der* Moment."

„Nach ein paar Tränen war es für die Kinder okay."
Im April haben sie die Entscheidung getroffen, im Juli nach Deutschland zu gehen. Den Kindern haben sie es erst zwei Monate vorher gesagt, weil sie Widerstand befürchtet haben. Natürlich haben die Eltern es positiv verpackt, den Kindern erzählt, dass sie mehr Zeit mit dem Papa hätten, was bei den Kindern nach den Tränen sofort Freude ausgelöst hat. Auch Familienangehörige in der Nähe zu haben ist eine schöne Aussicht für die Kinder, denn sonst wurden die Urlaubsbesuche zwischen Deutschland und Frankreich aufgeteilt. Die Eltern haben ihnen die Gegend, die Schulen, Eisdielen im Wohnviertel und den fußballbegeisterten Jungs ihren zukünftigen Verein gezeigt. Nun sehen die Kinder alles wie ein Abenteuer, freuen sich auf ihre deutsche Schule und das deutsche Leben.

Das Ehepaar Kraemer hatte zunächst überlegt, ihre schulpflichtigen Kinder auf eine internationale Schule zu geben, dies wäre naheliegend. Doch sie möchten zum einen nicht, dass die Kinder viel fahren müssen, und zum anderen befürchten sie, dass diese dann in der „eigenen Kultur" außen vor bleiben. So haben sie eine „Normalisierung" beschlossen und die Kinder auf deutschen Schulen angemeldet. Immerhin hat die Grundschule, auf die die beiden Söhne gehen werden, einen bilingualen Zweig. So können sie sich wie gehabt in mehreren Sprachkulturen bewegen und zugleich in einer „normalen Nachbarschaft" eingewöhnen. Nur die vierjährige Tochter haben die Kraemers in der internationalen Schule angemeldet, damit sie während der Grundschulzeit die englische Sprache nicht verlernt.

Der Abschied von England ist für die Familienmitglieder sehr unterschiedlich. Herr Kraemer hat so viel gearbeitet, dass er nicht so viele Freunde in England gewinnen konnte wie seine Frau, die tief in die englische Kultur integriert ist. „Wir sind vollständig im englischen Leben drin, ich rede mit meinen Freundinnen den ganzen Tag Englisch." Frau Kraemer empfindet die Ablösung daher emotional als sehr anstrengend. Abschied nehmen sie Stück für Stück. Es wird keine große Party geben, wie zu der Zeit, als sie von Washington nach London gezogen sind. „Diesmal ist es zu traurig", sagt Frau Kraemer. Andererseits wissen sie, wenn sie in England geblieben wären, hätten sie sich immer gefragt, wie wäre es gewesen, nach Deutschland zurück zu gehen.

Die praktische Seite macht ihnen weniger Sorgen. Die Kraemers haben bisher jeden Umzug in eine andere Kultur selbst organisieren müssen, so auch diesen. Sie finden allerdings, dass Deutschland in vielen Dingen noch sehr altmodisch ist. Man muss viele Ämtergänge selbst machen und kann nicht viel über das Telefon organisieren. Insbesondere den Hauskauf erlebten sie als stressig, da es bei den Banken selten den Fall gibt, dass jemand aus dem Ausland kommt und kauft. Andererseits ist ihnen erst durch das Leben im Ausland bewusst geworden, wie gut es den Deutschen geht, die deutsche „Jammerkultur" können sie nicht nachvollziehen.

„Wir wollen es probieren, wenn es schiefgeht, sind wir heimatlos."
Den Rückzug nach Deutschland nach so langer Zeit im Ausland sehen die Kraemers realistisch, es ist ein „Test; wenn es nicht gut läuft, gehen wir wieder nach England". Ihnen ist klar, dass die Freunde, zu denen sie in den letzten Jahren vor allem telefonischen Kontakt hatten, ihre Erfahrungen nicht teilen und manches nicht nachvollziehen können. Sie wissen auch, dass jeder Kulturwechsel mindestens ein Eingewöhnungsjahr braucht. Daher sehen sie dieses Wiederkommen mit viel Vorsicht. Das „Heimweh", das sie schon kennen, werden sie nicht mit den Freunden teilen können.

Tipps von Familie Kraemer

Immer positiv denken: Wir haben die Erfahrung gemacht, dass alles immer irgendwie geht.

Lassen Sie einen längeren Vorlauf und organisieren Sie nicht „auf den letzten Drücker": Sortieren Sie jeden Tag ein bisschen aus, auch wenn Sie darauf keine Lust haben. Wir haben noch nie ein großes Problem bekommen, das etwas nicht geschafft wurde. Auch wenn Sie alles selbst organisieren müssen, jeden Tag einen Anruf ist auch eine Art, voranzukommen. Außerdem haben Umzugsfirmen Checklisten, die einem sagen, woran man alles denken muss.

Achten Sie auf die Eckdaten und treffen Sie eine ganz persönliche Entscheidung: Schule, Wohnen, Gegend müssen zu Ihnen passen. Wir waren viel ruhiger, als wir die schulische Entscheidung getroffen hatten. Die beiden älteren Kinder auf deutsche Schulen mit bilingualem Zweig und ein Mädchen auf die internationale Schule zu schicken ist unsere persönliche gute Lösung. Aber jede Familie muss hier eine eigene Entscheidung treffen, es gibt keine Regel.

Die Freunde verstehen: Auch von anderen Rückkehrern, die nach Auslandsjahren aus Paris oder Madrid zurückkehrt sind und alle dieselbe Erfahrung gemacht haben, wissen wir, dass sich die Interessen im Vergleich zu den Freunden verschoben haben. Wer nie länger im Ausland gelebt hat, kann manches nicht verstehen. Als Rückkehrer muss man mit dieser Differenz klarkommen. Wir versuchen, das zu verstehen, aber das erste Jahr ist immer hart. Das ist unsere Faustregel: man braucht ein Jahr, um sich zu integrieren.

Internationale Anknüpfungspunkte suchen: Um die Kontakte zu den Lebenswelten der vertrauten Kulturen nicht zu verlieren, suchen Sie sich Gleichgesinnte und entsprechende Kontakte. In unserem Fall werden wir uns Vereinigungen und Clubs der englischen Kultur und der internationalen Community (z. B. British Women´s Club etc.) anschließen.

4 | Fremdes Zuhause: Wege der persönlichen Rückkehr

Nicht wenige erleben den Rückkehrschock intensiver als den Kulturschock im Ausland. Die Annehmlichkeiten und positiven Seiten des Gastlandes werden schmerzlich vermisst, die eigene Heimatkultur ist einem fremd geworden, und es überwiegt das Negative im Vergleich zur Kultur des Landes, aus dem man zurückgekehrt ist. Statt in die erwartete vertraute Umgebung zurück zu kommen, fühlen sich viele als Fremde in der eigenen Heimat. Hinzu kommt, dass man, wie bei einer Fernbeziehung, dazu neigt, die Heimat im Ausland rosiger zu sehen, als sie ist. Wird man bei der Rückkehr mit der Realität konfrontiert, erfahren viele eine Ernüchterung, die sie stark emotional belastet. Freunde, Familie und Kollegen erwarten das vertraute Verhalten und haben nur begrenztes Verständnis für die Erfahrungen, die man zu berichten hat. Manche Freundschaftsbeziehungen haben sich auf die Entfernung vielleicht verschlechtert oder sind zu Ende gegangen, weil man keinen Alltag mehr teilen konnte.

Die Rückkehr ist eine Reise, ein innerer Prozess, ist auch wieder ein Neuanfang und eine Veränderung, die in einzelnen Schritten abläuft. Manche erleben den Rückkehrschock früh, andere erst nach vielen Monaten.

Als Nadine B. aus China zurück nach Deutschland kam, fiel ihr im Privatbereich der Wechsel von der Millionenstadt Schanghai zurück ins eher ländliche Stuttgart erstaunlich leicht. Vielmehr hatte sie Eingewöhnungsschwierigkeiten im Arbeitsleben. Als sie das erste Mal am Freitag um 16 Uhr durch das Büro ging und sich alle außer ihr bereits ins Wochenende abgemeldet hatten, dachte sie: Das darf nicht wahr sein! Sie war weder enttäuscht von ihren Kollegen noch erbost über die Errungenschaften des deutschen Sozialstaats. Es führte ihr vielmehr vor Augen, was sie all die Jahre in China gehabt hatte: den fast grenzenlosen Leistungswillen der Chinesen und Chinesinnen und das tief verwurzelte Pflichtbewusstsein im beruflichen Alltag.

Woran sich die Umstellungsanforderungen fest machen, das wechselt von Mensch zu Mensch. Ein Teil der Heimkehrer kämpft in Deutschland mit dem Wetter und dem „rauen Klima" in der deutschen Öffentlichkeit. Anderen fällt die Umstellung des Lebensstils schwer. Wer als Entsandter in ein Billiglohnland gegangen war, hat sich an ein Leben mit vielen haushaltsnahen Dienstleistungen gewöhnt. Zurück in Deutschland, gibt es keine bezahlbaren Kräfte, welche den Garten pflegen, die Wäsche waschen, die Kinder betreuen oder das Auto fahren. Der Sonderstatus „Ausländer", der in manchen Ländern zu Vorteilen und Privilegien geführt hat, fällt auf einmal weg. Aber auch manche Freiheitsräume werden wiedergewonnen. Konnten die Kinder in Südafrika nicht auf der Straße spielen, so ist es jetzt wieder problemlos möglich. Der öffentliche Nahverkehr ist zuverlässig auf die Minute, und die Geschäfte für täglichen Einkauf sind wieder zu Fuß erreichbar.

Familie W. berichtet von dem tränenreichen Abschied am Flughafen in Quito. Dann kamen sie in Deutschland an und wurden überschwenglich von den Angehörigen und Freunden begrüßt, aber richtige Freude konnte sich bei Familie W. noch nicht einstellen. Zu nah waren noch die vor wenigen Stunden verabschiedeten Freunde in Ecuador. Sie hangelten sich in der kommenden Zeit von Willkommensfest zur Willkommensfest und gewöhnten sich, auch durch Arbeits- und Schulverpflichtungen, an ihre „neue alte Umgebung". Das ging solange gut, bis der Container mit den Möbeln vor der Tür stand. Als hätte man auf einen Lichtschalter gedrückt, kamen mit jedem Einrichtungsgegenstand die Erinnerungen zurück. Die Kinder juchzten und weinten gleichzeitig und die Eltern wurden immer trauriger. Bis das Haus in Deutschland wieder eingerichtet war, vergingen mehrere Wochen. Erst nach und nach stellte sich eine fragile Routine ein. Das Gefühl, „zu Hause" zu sein, aber kam erst sehr viel später.

Zunächst sind Rückkehrer sehr vergangenheitsorientiert und vermissen die Gewohnheiten, die sie im Ausland liebgewonnen haben. "Ich fühle mich hier so eingeengt", sagen die einen, die anderen können sich nur schwer an den geänderten Lebensrhythmus gewöhnen. Das Leben im Ausland haben sie noch nicht losgelassen und trauern ihrem bisherigen Leben nach. Langsam richtet man sich dann im „neuen alten Leben" ein und sucht nach Gleichgewicht im familiären und sozialen Netz. Gleichzeitig spüren viele aber eine Antriebslosigkeit und sind für wenig zu begeistern. Das äußert sich dann z. B. in Aussagen wie: „So toll, wie ich Deutschland in Erinnerung habe, ist es gar nicht, zwar sauber, aber so bürokratisch..." Langsam verändert sich dann die Perspektive und man sieht die positiven Aspekte des Heimatlandes wieder. „Endlich hatte ich wieder den gleichen Rhythmus wie meine Freunde, und mein Terminkalender füllte sich" – das sind Aussagen von mitausgereisten Partnern, die den Neubeginn einläuten. Für die, die im Berufsleben stehen, scheint die Rückkehr leichter, weil sie direkt in einen Kreis von Kollegen eingebunden sind. In der Tat erleichtert diese Einbindung die persönliche Rückkehr, auch wenn die beschriebenen Symptome dadurch nicht verschwinden.

Der Partner, der nach der Rückkehr möglicherweise zu Hause bleibt, hat eine andere Sicht der Dinge. Ihm fallen Freunde und Angehörige auf, die sich verständlicherweise an die Abwesenheit der Familie gewöhnt und nicht nur darauf gewartet haben, dass sie wieder zurückkommt. Die Tatsache, dass man wieder zurück ist, wird aus der Sicht der Daheimgebliebenen schnell wieder sehr alltäglich – für sie ist die Veränderung ja auch wesentlich kleiner als für die Rückkehrenden.

Finden Sie Ihren individuellen Lösungsweg

Im Folgenden möchten wir Ihnen einige Beispiele mit auf den Weg geben, anhand derer Sie sich ein Bild von den Herausforderungen, aber auch vom Gewinn eines Auslandsaufenthaltes machen können. Wir sind überzeugt, dass Sie die richtigen Entscheidungen treffen werden.

„Und irgendwann konnte ich sie dann nicht mehr hören, diese ganzen Fragen nach meinen Erlebnissen und Erfahrungen, die die meisten eh nicht verstehen konnten", so schildert Katja S., eine junge Frau, ihre Rückkehr von Finnland nach Deutschland. Weil sie sich wiederholten, erschienen ihr die Fragen „oberflächlich", und sie wurde immer unwilliger, wenn sie auf ihren Auslandsaufenthalt angesprochen wurde. Sie beschloss, alle Verwandten, Freunde und Kollegen zu einer großen Party einzuladen. Dort hat sie dann in einer Diashow ihre Erlebnisse dargeboten und so sichergestellt, dass die wichtigsten Bezugspersonen an ihren Erfahrungen Anteil nehmen und sich ein Bild machen konnten. Tatsächlich haben ihre Freunde und Kollegen in Einzelgesprächen dann nur noch sehr persönliche Fragen gestellt, die sie gerne beantwortet und diskutiert hat.

Bernd F. hat eher die Ignoranz der Daheimgebliebenen zu schaffen gemacht. Kaum einer war gewillt, länger als eine Viertelstunde zuzuhören, wenn er seine Erlebnisse erzählen wollte. Er hat sich entschlossen, erst einmal via Internet *(www.global-connection.info)* Kontakt mit Entsandten weltweit zu halten. Außerdem hat er begonnen, einen Blog (Tagebuch im Internet) zu schreiben und seine Erlebnisse und Fotos dazugestellt. So konnte er die Erfahrungen mit Gleichgesinnten teilen und war nicht mehr so unglücklich darüber, dass er seine Erlebnisse und sein Wissen nicht in Gesprächen mitteilen und damit verarbeiten konnte.

Es schafft Perspektive, berichtet Monika K., wenn man sich langfristig Termine für das kommende Jahr in Deutschland notiert, dann weiß man, dass nicht ein riesiges Loch nach der Rückkehr nach Deutschland im Terminkalender klafft, sondern dass es schon Aufgaben gibt. Dies hilft im Umgang mit der Angst vor Perspektivlosigkeit und davor, dass man möglicherweise den Anschluss verloren hat. Sie hat bereits vom Ausland aus begonnen, mit dem Unterstützungsverein der Schule ihrer Kinder Kontakt aufzunehmen, sich zu Veranstaltungen und Weiterbildungskursen angemeldet sowie Ausflüge und andere Pläne in ihren Kalender eingetragen. So hat sie frühzeitig eine Struktur geschaffen, welche ihr hilft, in Deutschland wieder gut Fuß zu fassen.

Klaus U. hatte nach seiner Rückkehr vor allem eine Frage: Wo gehöre ich hin, und wie gehen meine Karriere und mein Familienleben weiter? „Business as usual" war für ihn nicht mehr drin. In seinem Unternehmen gab es keine Vorbilder, keine Mentoren und wenig Perspektiven. Von alleine und mit seiner Familie kam er auf keine zufriedenstellenden Antworten und suchte sich daher eine Unterstützung. Der gefundene Coach war mit diesen Fragestellungen vertraut und begleitete ihn dabei, seine Position, Rolle und Richtung zu finden.

Jessika W. litt unter extremem Fernweh nach Afrika, also „Heimweh nach dem Gastland", nachdem sie nach Deutschland zurückgekehrt war. Anfangs war das Gefühl noch wenig zu spüren, weil die Organisation des Umzugs und die neue Arbeitsstelle viel Engagement erforderlich machten und ihr kaum Zeit ließen, zur Ruhe zu kommen. Doch nach einigen Monaten wurde die Sehnsucht immer größer. Da sie noch keinen Urlaub nehmen konnte, hatte sie für die erstbeste Möglichkeit einen Termin für einen Besuch eingeplant, den Flug gebucht und mit der Vorfreude begonnen. Außerdem gestaltete sie ihre Wohnung mit einer bunte Mischung aus deutschen und afrikanischen Möbeln und Erinnerungsstücken und richtete sich ein afrikanisches Zimmer ein, in das sie sich zurückzog, wenn sie traurig war. Dort ließ sie auch ihren Tränen freien Lauf, wenn das Fernweh sie übermannte. Die Reintegration nach Deutschland ist ihr mit dieser Strategie des „Zulassens" schließlich gut gelungen.

Karsten U. kam sich vor wie in einem „Kulturgefängnis", als er aus dem Melting Pot New York wieder in eine gutbürgerliche Kleinstadt zog. Er lebte mit seiner Familie nach der Rückkehr in einer traumhaften Altbauwohnung mit Blick auf den Wald und fühlte sich doch wie in einem Gefängnis. Ihm fehlten die englische Sprache, das Tempo der Stadt und sogar der Verkehrslärm New Yorks. „Es war, als würde ich keine Luft mehr bekommen", beschreibt er seine ersten Monate, „und genau das konnte mein Umfeld in diesem Kurort überhaupt nicht verstehen." Er beschloss, mit seiner Frau nach Frankfurt zu ziehen, wo er sich zwischen den Hochhäusern der 24-Stunden-Stadt etwas „heimischer" fühlte, nachts thailändisches Essen bestellen konnte, wenn er wollte und sogar noch einen kürzeren Weg zur Arbeit hatte. Er meldete sich im internationalen Golfclub an, um mit ausländischen Auslandsentsandten in Deutschland Kontakt zu bekommen und besuchte regelmäßig das English Theatre, um seine geliebte englische Sprache auch privat mehr sprechen zu können. Nach und nach freundete sich die Familie mit einem britisch-indonesischen Ehepaar, einigen Indern, Holländern und Amerikanern an und Karsten U. fühlte sich „fast wieder wie in New York".

Allein ausgereist, zu zweit zurück. Das könnte die Überschrift einer etwas anderen Rückkehr sein. David Z. hat sich bei seinem zweijährigen Auslandseinsatz als junge technische Führungskraft in Argentinien verliebt und kam nach Deutschland verheiratet zurück. Neben seinem eigenen Frust über die im Ausland „ach so geliebte Heimat" fühlte er sich verantwortlich, auch seiner Frau zu helfen. Milagros, eine Diplomchemikerin mit wenig Deutschkenntnissen tat sich schwer, in diesem für sie fremden Land Fuß zu fassen. David und Milagros holten sich Begleitung für diese Zeit des gemeinsamen Kulturschocks. Sie gingen zu einer Beratungsstelle für Ehe- und Familien und erarbeiteten sich eine neue „Konfliktkultur". Jeder legte klar dar, welche Bedürfnisse er hat, und sie einigten sich mithilfe eines neutralen Beobachters. Das hat dazu geführt, dass sie sich entschieden haben, erst einmal in Deutschland zu bleiben. Sie sind froh, sich sowohl kulturell als auch persönlich mit der Situation, ihrer Beziehung und ihrer Lebensplanung auseinandergesetzt zu haben – denn nun haben sie eine gemeinsame Perspektive.

All diesen Beispielen gemeinsam ist die Auseinandersetzung mit den je eigenen Bedürfnissen und Zielen, gepaart mit Unterstützung von anderen Menschen, die während der Rückkehr aus dem Ausland beiseite stehen. Meist ist es schon hilfreich, sich mit anderen Rückkehrern auszutauschen, da sich dabei zeigt, dass man nicht alleine Wiedereingliederungsprobleme durchlebt. In einigen US-amerikanischen Firmen wurden dazu eigens „Rückkehrer-Clubs" ins Leben gerufen, in denen sich Familien früherer Entsandter regelmäßig treffen und jüngst zurückgekehrten Kollegen und Familien Unterstütung anbieten.

Die Kunst besteht darin, die Situation der Reintegration als eine weitere Stufe der eigenen Entwicklung zu betrachten und sie mit derselben Aufmerksamkeit zu bedenken, wie zuvor die Integration in die Kultur des Gastlandes.

„Life is happening while you are making other plans", lautet ein vielzitierter Satz von John Lennon. Das gilt im besonderen Maße für Menschen, die sich ins Ausland aufmachen. Es ist wahr, ein Auslandsaufenthalt lässt sich so wenig vorprogrammieren wie eine Liebesbeziehung, braucht aber genauso viel Aufmerksamkeit, Zuwendung und Kompromissbereitschaft, sowohl bei der Ausreise als auch bei der Rückkehr. Es wird mit Sicherheit anders kommen als erwartet. Doch sich überraschen zu lassen, ist nicht zuletzt einer der Gründe, warum man aufgebrochen ist.

📖 Buchtipp zur Rückkehr
Craig Storti (1997): The art of coming home, Intercultural Press

Weiterführende Hinweise und Quellen

Passend zum Text finden Sie weiterführende Quellen und Links. Darüber hinaus möchten wir Ihnen die Lektüre einiger Bücher ans Herz legen, die leicht lesbar und praktisch geschrieben sind und die Ihnen fundierte Hintergrundinformationen geben. Zur kulturellen Vorbereitung gibt es einige Buchreihen, welche die kulturellen Besonderheiten von einer Vielzahl von Zielländern thematisieren. Je intensiver Sie im Vorhinein durch persönliche Kontakte, Bücher, das Internet und andere Informationsquellen einen Bezug zu Ihrem Gastland herstellen können, desto unbeschwerter wird das Ankommen. Sie tauchen ein und entwickeln Ihren eigenen Fokus. Ohne Vorwissen laufen Sie Gefahr, in der kulturellen Überschneidungssituation Irritationen zu erleben, eigenen Fehleinschätzungen aufzusitzen und fortan im Zielland nach der Bestätigung der eigenen Vorurteile zu suchen. Sicherlich kennen Sie diesen Effekt schon aus eigener Erfahrung. Stellen Sie Ihre Sicht um auf achtsame selektive Wahrnehmung und Sie werden verwundert sein, wie viel Ihnen auf einmal passend zu dem, was Sie suchen, auffällt.

Viel Spaß dabei.

Empfohlene Buchreihen

Kulturschlüssel (Land). Andere Länder entdecken & verstehen, Hueber Verlag – ansprechende Reihe in modernem vielfarbigem Layout mit Informationen und Bildern zu Kultur, Land & Leuten sowie Hintergründen, erhältlich für mehrere Kulturen

Reisegast in… (Land). Fremde Kulturen verstehen und erleben, München: Buchkonzept Simon KG – Überwiegend gute Einführungsreihe, erhältlich zu vielen Kulturen

Beruflich in… (Land): Trainingsprogramm für Manager, Fach- und Führungskräfte, Göttingen: Vandenhoeck & Ruprecht – Übungsbücher zum Erlernen ungewohnter kultureller Werte. Anhand von kleinen Geschichten kann man trainieren, die Verhaltensweisen der Einheimischen richtig einzuschätzen

Culture Shock … (Land) ! A Guide To Customs And Etiquette: Singapore, Times Media – [nur Englisch] geschrieben für Expatriates und aus amerikanischer Perspektive, ist die Reihe nicht ganz ohne kulturellen Bias, aber dafür für viele Kulturen erhältlich

KulturSchock (Land) Bielefeld: Reise Know-How Verlag Peter Rump – gute Einführungsreihe, gibt es für zahlreiche Kulturen, meist von bikulturellen Autor/innen geschrieben, keine Übersetzung der Englischen Bücher, sondern eine eigene Reihe

(Land) verstehen, Sympathie-Magazin – Reihe des Studienkreises Tourismus, gute kleine Einführungen, erhältlich zu vielen, auch wenig gängigen Kulturen, kann man als Einzelheft oder Set bestellen: www.studienkreis.org

Literatur

Bergemann, Niels; Sourisseaux, Andreas L.: Interkulturelles Management. 3. vollständig überarbeitete und erweiterte Auflage, Ileidelberg 2002

Bornschein, Thomas; Thomas, Mirco: Leben und Arbeiten im Ausland. Bonn 2004

Brinkama, Alexandra; Daufenbach Rolf: Mit Kindern und Jugendlichen im Ausland. Hinweise zu Problemen und Wirkungen. 2. erweiterte Auflage, herausgegeben vom Institut für Interkulturelles Managment 2000

Brötje, Sylvia: Repatriation: Analyse der Schwierigkeiten bei der Rückkehr von Auslandsmitarbeitern und der dazu vorgeschlagenen psychologischen Modelle. Diplomarbeit 2004

Eulenburg, Nicole: Die Nachwuchsgeneration der deutschen Industrie zwischen Karriere, Kulturen und Bildung. Eine qualitative Studie zu Karriereverhalten und Auslandsentsendung untersucht am Beispiel des Rückkehr- und Wiedereingliederungsverhaltens unter Berücksichtigung generationsspezifischer Merkmale. Dissertation 2001

Finkelstein, Kerstin E.: Ausgewandert: Wie Deutsche in aller Welt leben. Berlin 2005

GMAC – Global Relocation Services (Hg.): Global Relocation Trends. 2005 Survey Report

Gronewald, Horst; Neubeiser, Andreas: Die Entsendung von Mitarbeitern ins Ausland. Zentrale Aussagen von Entsendungsrichtlinien zwanzig führender deutscher Unternehmen

Siegen 2003
Hild, Brigitte: 30 Minuten für erfolgreiche Arbeit im Ausland. Offenbach am Main 2004

Hirsch, Klaus: Reintegration von Auslandsmitarbeitern. In: Bergemann, Niels; Sourisseaux, Andreas L. J. (Hg.): Interkulturelles Management. Berlin u.a., S. 417-430, 2003

Kalb, Rosalind C.; Welch, Penelope A.: Moving your family overseas. Yarmouth, Maine 1992

Kohls, L. Robert: Survival kit for overseas living: for Americans planning to live and work abroad. 4. Auflage, London 2001
Kopper, Enid; Kiechl, Rolf (Hg.): Globalisierung: Von der Vision zur Praxis. Methoden und Ansätze zur Entwicklung interkultureller Kompetenz. Zürich 1997

Kühlmann, Torsten: Auslandseinsatz von Mitarbeitern. Göttingen 2004
Malewski, Margaret: GenXpat: the young professional´s guide to making a successful life abroad. London 2005

Marx, Elisabeth: Vorsicht Kultur-
schock – So wird Ihr beruflicher
Auslands¬aufenthalt zum Erfolg.
Frankfurt am Main 2000

Müller, Henrik: Experten schlagen
Alarm: Deutschland blutet aus.
Warum mehr Talente auswandern als
je zuvor. In: manager magazin, 26.
Jahrgang, Heft 7 (2006), S. 86-92

Mütze, Kai; Popp, Michael: Handbuch
Auslandsentsendung. Frechen 2007

Piet-Pelon, Nancy J.; Hornby, Barbara:
Women's guide to overseas living.
Yarmouth, Maine 1992

Pollock, David; Ruth v. Reeken:
Third Culture Kids: Aufwachsen in
mehreren Kulturen. Marburg an der
Lahn 2003

Schröder-Kühn, Heidrun; Richter,
Marlene: KulturSchock Familienma-
nagement im Ausland. Bielefeld 2004

Swol-Ulbrich, Hilly van; Kaltenhäuser,
Bettina; Malm, Michael; CONSULTus
Expatriate Briefings & Intercultural
Seminars: Andere Länder, andere
Kinder: Dein Auslandsumzug mit Ori.
Frankfurt am Main 2002

Wenzler-Cremer, Hildegard (2005):
Bikulturelle Sozialisation als
Herausforderung und Chance. Eine
qualitative Studie über Identitäts-
konstruktionen und Lebensentwürfe
am Beispiel junger deutsch-indone-
sischer Frauen. Universität Freiburg,
Wirtschafts- und Verhaltenswissen-
schaftliche Fakultät

Winistörfer, Norbert: Ab ins Ausland.
5. Auflage, Zürich 2003

Internet und andere Quellen

Fischermann, Thomas: Nix wie weg!
Wo landen Deutsche, die das Land
verlassen, wenn sie erfolgreich sind?
Zwei Erfolgsgeschichten. 2006 (ZEIT
online, Nr. 40, 28.9.2006)
URL: *www.zeit.de/online/2006/39/
auswanderer,*
PDF-Dokument: *http://hermes.zeit.de/
pdf/archiv/online/2006/39/
auswanderer. pdf* (Stand: 5.10.2007)

Fischermann, Thomas: Republik-
Flucht. Mehr als 140.000 Deutsche
haben im vergangenen Jahr ihrem
Land den Rücken gekehrt. Oft gehen
die Besten. (ZEIT online, Nr. 40,
28.9.2006)
URL: *www.zeit.de/2006/40/
Auswanderung-D*
PDF-Dokument: *http://hermes.zeit.
de/pdf/archiv/2006/40/Auswanderung-
D.pdf* (Stand: 5.10.2007)

PricewaterhouseCoopers (Hg.):
Managing mobility matters 2006.
2006
URL: *www.pwc.ch/de/dyn_output.
html?content.void=12178&collectionp
ageid=233*
PDF-Dokument: *www.pwc.ch/user_
content/editor/files/publ_tls/pwc_
managing_mobility_matters_e.pdf*
(Stand: 5.10.2007)

Professional Organizing Relocation,
www.proforg.com

RSB Deutschland GmbH, Relocation,
persönliches Gespräch,
www.rsb-relocation.de

Oft werden wir gefragt, würden Sie den Schritt ins Ausland empfehlen? Unsere Antwort lautet dann: Das hängt von Ihnen ab. Wer über sich hinauswachsen möchte, andere Lebenswelten und zugleich seine Wurzeln näher kennenlernen will, wird diese Erfahrung schätzen. Wir glauben, dass das, was Sie vor Ort erleben, eine Frage der Vorbereitung, des Bewusstseins und der Persönlichkeit ist. Es gibt Menschen, die entwickeln im kleinsten Dorf den größten Horizont und andere schauen nie über Ihre Nasenspitze hinaus, egal wie weitgereist sie sind. Wir hoffen, dass Ihnen das Buch dabei helfen wird, die Welt und sich zu entdecken. Sollten Sie Erfahrungen weitergeben wollen, die anderen helfen könnten, freuen wir uns über Rückmeldungen und Ergänzungen. Wenn wir Sie auf Ihrem Weg von Deutschland ins Ausland und wieder zurück unterstützen können, machen wir das jederzeit gerne.

Kontaktadresse
Gesa Krämer, Kirsten Nazarkiewicz
Telefon: +49 170 7304182
beratung@arbeitenimausland.org
www.arbeitenimausland.org